# 唐代和亲往事

蒋爱花 ◎ 著

中国出版集团
中国民主法制出版社
全国百佳图书
出版单位

图书在版编目（CIP）数据

唐代和亲往事 / 蒋爱花著 . — 北京 : 中国民主法制出版社, 2019.7

ISBN 978-7-5162-2035-1

Ⅰ . ①唐… Ⅱ . ①蒋 Ⅲ . ①和亲政策—研究—中国—唐代 Ⅳ . ① K280.042

中国版本图书馆 CIP 数据核字（2019）第 133304 号

**图书出品人:** 刘海涛
**出 版 统 筹:** 乔先彪
**责 任 编 辑:** 董 理 周冠宇

**书 名** / 唐代和亲往事
**作 者** / 蒋爱花 著

**出 版 · 发 行** / 中国民主法制出版社
**地 址** / 北京市丰台区右安门外玉林里 7 号（100069）
**电 话** / 010-63055259（总编室） 010-63057714（营销中心）
**传 真** / 010-63055259
**http:** //www.npcpub.com
**E-mail:** mzfz@ npcpub.com
**经 销** / 新华书店
**开 本** / 16 开 710 毫米 ×1000 毫米
**印 张** / 13.75 字数 / 144 千字
**版 本** / 2019 年 8 月第 1 版 2019 年 8 月第 1 次印刷
**印 刷** / 北京天宇万达印刷有限公司

**书 号** / ISBN 978-7-5162-2035-1
**定 价** / 36.00 元

# 序

和亲，也称作“和戎”“和蕃”，一般认为和亲最早出现于西汉。当时汉朝刚刚立国不久，国力贫弱，而位于北部边疆的匈奴却是强盛无比，不断侵扰汉朝的边境。汉高祖刘邦在解决韩王信的叛乱时，与匈奴发生了冲突。骄傲的刘邦原本打算一举灭掉匈奴，结果因轻敌反被匈奴四十万大军围困于白登山达七天七夜之久，这就是“白登之围”。好不容易脱险后，刘邦意识到战争对保护汉王朝的稳定并不是最明智的选择，发展本国的国力才是头等大事。于是，刘邦放弃了武力攻打匈奴的想法，采纳了大臣提出的和亲建议。

从此之后，和亲成为汉朝、匈奴之间的惯例：当匈奴新君主即位时，汉朝要嫁给匈奴的首领一位和亲公主，每年送给匈奴大量的粮食、布帛等财物；匈奴也要遵守承诺，不再明目张胆地侵扰汉朝的边境。汉匈之间结成了儿女亲家，将仇敌变成了亲戚，以较低的成本换取了边境的和平。

“和亲开始于西汉”这种说法深入人心，不管是《汉书》的作者班固，还是《资治通鉴》的作者司马光，都持有这样的观点，但实际上，和亲这种做法应该追溯到春秋时期。

春秋末年，周天子势力衰微，一些雄心勃勃的诸侯国相继投入到争霸大业。单凭一国的力量很难击败竞争对手，通常会采用政治联盟的做法。政治联盟往往通过婚姻的方式予以巩固，所以春秋时期的诸侯国之间呈现出异彩纷呈的联姻状态，这应该是和亲的早期形式。明确来说，这种婚姻打上了政治联盟的烙印，和亲作为婚姻的一种特殊形式，不仅仅是两个当事人的事情，而成了两个家族、甚至是两个国家之间的事情。它有四方面的作用：第一，为了稳定国内政局；第二，为了建立军事同盟；第三，为了缓和两国之间的紧张关系；第四，流亡他国的公子借助联姻国的支持，争取回国执政。

如果给“和亲”下一个定义的话，是两个政权之间通过婚姻达到停止战争、摒弃前嫌，建立和平、友好、亲睦关系的行为。看似冠冕堂皇的婚姻，却不是源自婚姻当事人的你情我愿，而是承载了政权与高层之间的权力博弈，通过博弈之后达成的一种制衡状态。

在中国古代历史上，和亲作为一种民族政策被反复采纳，除了汉朝与匈奴代代联姻，和平共处了很长一段时间外，还有汉朝与乌孙、唐与吐谷浑、唐与突厥、唐与吐蕃、辽与西夏、清代的满蒙联姻等。一些君王出于边疆和平的需要，经常采取这种措施，不管是唐朝的贞观之治、开元盛世，还是清朝的康乾盛世，和亲依然成为国家政策的常用手段。

如果说汉代的和亲，最初带有迫不得已的色彩，那么唐朝是中国历史上最强盛的王朝之一，为什么还频繁采取和亲呢？引人瞩目的是，唐代的和亲为历代规模最大、次数最多，竟然达到了28次！除了众所周知的文成公主外，还有多位皇帝的亲生女儿也被迫承担和亲任务，甚至发生了两起和亲公主被杀的极端事件！为什么这与我们想象中的帝国威严大相径庭呢？

当婚姻、政治、权谋纠缠在一起时，个体的命运变得微不足道；当爱情必须服从于国家利益时，和亲公主的人生也带有了传奇色彩。官方史书背后，掩藏着太多的未知，以文成公主为例，她在中原的史书上连个名字都没有留下，皇家所撰写的人物传记中，有关文成公主的部分仅仅几句话，而在雪域高原，文成公主的故事家喻户晓。她的爱恋、她的柔情、她的奉献、她的一生，早已融入千年不化的冰川。

透过唐代和亲的历史，我们可以了解唐朝如何处理与周边民族政权的关系，也可以看到唐朝统治者在特定时期的政治智慧。透过一个个和亲公主的故事，再现了唐代风云际会的民族交往史。我希望能够拂去历史的烟尘，让那一个个美丽柔弱却又异常坚毅的身影更加清晰。

可以说，一部和亲史就是一部唐帝国的兴衰史……

# 目　　录

第一讲

# 神秘的唐代大墓

在甘肃省武威市，有一个叫南营乡青嘴湾的地方，这里风景秀美、山峦叠嶂。大概从清朝同治年间开始，这里陆续发现了好几座大墓。墓的规格和数量惊人，绵延数公里。众所周知，在宗法制的理念中，我国古代有家族共建墓地的传统，所以可以推测甘肃武威所发现的墓地很可能是一处家族墓地。但是，史书上却没有相关的记载，到底是哪个大家族的墓地呢？

从 20 世纪 80 年代开始，当地的文管部门对这些墓葬进行了科学发掘，其中一座大墓尤其惹人瞩目。它的规格实在太高了！光这座大墓残断的墓墙足有 2 米高，显然墓主人的身份不一般。主人到底是谁呢？

幸好有一方埋在地下的墓志铭出土，墓志铭的文字就像一把钥匙，打开了这座神奇大墓的墓门……

## 令人费解的墓志铭

在中国，墓志铭开始出现于南北朝时期，被广泛应用于中高层官员或富贵之家的墓茔中。墓志铭由志盖、志石两部分组成，一般的志盖设计成覆斗形，像一个倒扣的斗，放在志石的上面。

在甘肃武威发现的神秘大墓中，出现的这方墓志铭的正中用篆书刻着这样几个大字：“大周故西平公主墓志。”志盖下面的志石记载墓主人家庭背景、生平事迹、死亡时间、埋葬地点等信息。志石的题目是这样的：“大唐故弘化大长公主李氏、赐姓曰武、改封西平大长公主墓志铭并序。”这个墓志铭怎么听起来有点奇怪呢？志盖说是大周，志石又说是大唐，难道志盖和志石不配套吗？还是考古发掘人员搞错了？

其实，这还真是一方完整的、配套的墓志铭。墓志铭上的说法恰恰告诉了我们墓主人生活的年代，也暗藏着关键的线索……

武则天曾经改唐的国号为周，这方墓志铭应该是武则天时期的，而不是南北朝时期的北周时期。“完美的人存在于墓志铭中”，墓志铭一般用华丽的词汇来歌颂墓主人，中国有“死者为大”的观念，为去世的人说尽好话成为约定俗成的做法。比如，唐代著名诗人、大文豪韩愈经常受邀给权贵之家撰写墓志铭，并且获得了相当可观的润笔费，当时有人暗讽韩愈的钱财为“谀墓中人所得”。除了民间“私自请铭”之外，还有一种情况是“官方赠谥”，即符合一定身份或达到某种政治级别的人，在死后由官方指定机构或者指定人员撰写墓志铭。

墓志铭是一种悼念性的文体，由志和铭两部分组成。志多用散文撰写，记叙志主的世系、名字、爵位及生平事迹等；铭文部分则用韵文概括全篇的主旨，对志主的一生作出评价，表示对死者的悼念和赞颂；只有极个别的墓志铭只有志或只有铭。墓志铭可以是自己生前所写，比如唐代大文豪柳宗元曾经写了《柳子厚墓志铭》，成为文学经典，但大部分人或出于忌讳心理或是受文化水平所限，请别人代写。当然，还有一种特殊现象——官方“赠谥”，即墓志铭的撰写以及丧事所需均由官方提供。

这方墓志铭也不例外。文中有这样的句子：“诞灵帝女，秀奇质于莲波；托体王姬，湛清仪于桂魄。”这两句排比句用“奇质”“清仪”以及莲花、桂花等词汇来歌颂墓主人。虽然歌功颂德是极常见的事，但是这两句歌颂的句子透露出了两个至关重要的信息。

一是“帝女”。专指皇帝的女儿，是哪位皇帝的女儿呢？皇帝的女儿为什么埋在了远离都城长安的甘肃武威？

二是“王姬”，姬，是古代妇女的美称。王姬，说明墓主人嫁给了王这一级别的人物。

墓主人究竟是谁呢？

志盖上的文字提到墓主人被封为“西平公主”。如果查阅唐代的官方史书，又参照陪葬品的等级规格，可以判断出这里埋着的不是别人，竟然是唐朝第一位和亲公主——弘化公主。

说起唐代和亲公主，大家首先想到的可能是文成公主。事实上，唐代承担和亲任务的第一位公主是弘化公主，弘化公主开启了唐朝将公主嫁给少数民族的先河。为什么用“承担和亲任务”来形容呢？因为在中国古代，有很多像弘化公主、文成公主这样肩负和亲使命的女子，她们在婚前的身份是宗室女，所谓宗室女就是跟皇帝“八竿子能打着的亲戚”。

让我们走进唐代第一位和亲公主——弘化公主……

## 唐朝第一位和亲公主

公元640年的一天，气势壮观的一队人马，穿行在西北的茫茫大漠中。马队上飘动的旗子带有耀眼的皇家标记，悠扬的驼铃声夹杂其间，空旷的戈壁滩上多了一份厚重与寂寞。在队伍的最中间，一辆装饰华贵的马车车帘被轻轻掀开，一个年轻女孩不停向外张望。看到这漫天的黄土、空旷的沙漠，以及渐渐远去的长安城，曾经熟悉的一切离自己越来越远，她忍不住泪眼婆娑……

我们可以想象一下：1300 多年前，弘化公主远离故乡长安、出嫁吐谷浑，这时正值大唐贞观十四年（640 年）。也是在这一年，唐朝派出了侯君集、牛进达等大将率兵击败了西域强国——高昌。除此之外，唐朝还陆续击败了焉耆、龟兹等国，原西突厥的附属国都脱离西突厥转而归附于唐。对于吐谷浑，唐太宗则答应了和亲，临时册封了一位公主，她就是弘化公主。

既然是临时册封的公主，那就说明不是真正的公主，用现在的话说，是“山寨版”的公主。不过这个“山寨版”的公主出身也很高贵，女孩的父亲是谁呢？据学者们推测是淮阳王李道明。弘化公主要嫁的吐谷浑是一个怎样的地方？唐太宗为什么要与吐谷浑和亲并且送出了大唐的第一位和亲公主呢？

吐谷浑政权位于河西走廊地区，在弘化公主和亲之前，隋朝已经与吐谷浑有过和亲的先例。在隋朝刚刚立国的时候，吐谷浑凭借强大的实力，不断派兵侵扰隋朝的边境，但总体实力比不上隋朝。最终，吐谷浑的军队在首领夸吕的带领下被隋朝的军队打得落花流水。开皇十一年（591 年），夸吕觉得既然打不过，那就想想别的办法，皇帝大多爱江山、更爱美人，不如从这个角度来解决问题。夸吕提出了一个想法，什么想法呢？

《隋书》记载为五个字“以女备后庭”，意思是主动向隋朝皇帝送上美女。这时的隋朝皇帝是开国之君隋文帝杨坚。杨坚是一位非常特别的皇帝，他特别在哪里呢？中国历史上的皇帝，大多妻妾成群，唯独隋文帝留下了“怕老婆”的千古“美名”。所以，吐谷浑想靠美色来公关，恐怕过不了独孤皇后这一关。时间过得很快，又过了五年，到了开皇十六年（596 年），吐谷浑的首领变成了伏允，伏允的做法更加柔和，他多次向隋朝朝贡并请婚，隋文帝看他态度不错，终于答应将宗室女光化公主许配给他。

唐朝建立后，吐谷浑一方面向唐朝伸出橄榄枝，协助唐朝灭掉了武威的一个强有力的地方政权——李轨政权。另外，吐谷浑还派遣使者向唐朝朝贡，这些都是在明面上的动作。但另一方面，暗地里吐谷浑又不断侵扰唐朝边境，时不时制造点儿动静。吐谷浑为什么表里不一呢？我想，在利益当头之时，吐谷浑这么做，应该是在刷存在感，告诉大唐和我们搞好关系非常重要，不要小瞧我们！

首先，吐谷浑所处的地理位置比较特殊，我们可以从地图上看出，吐谷浑统治的区域是如今的青海大部、新疆及甘肃的一部分，这个地方处于唐朝通往西域的交通要道，也是唐代陆上丝绸之路的必经之地。

其次，吐谷浑是新崛起的吐蕃政权与唐朝的缓冲地带，成为吐蕃和唐朝两个大国争相拉拢的对象。唐太宗李世民继位后，吐谷浑加快了向唐朝请婚的步伐，为什么要向唐朝请婚呢？之前骚扰是刷存在感，现在还要请婚，他们的动机是什么呢？

吐谷浑首领也不是真缺一个女人，请婚无非是一种政治策略罢了。虽然吐谷浑表达了向唐朝请婚的意愿，但工作做得不细致，伏允不肯入朝当面请婚，态度也不够谦逊。这时的唐太宗年轻气盛，你不低头，我就不答应，再说，唐太宗正忙着收拾不听话的北方突厥，无暇顾及吐谷浑。既然有隋朝嫁女给吐谷浑的先例，那么到了唐朝，再结秦晋之好也是合情合理的事情。可是事情没有那么简单……

## 一波三折的请婚

贞观八年（634 年），李世民在位已经 8 年，这时发生了使者被扣事件，让他大为光火。谁被扣了呢？

吐谷浑在侵袭唐朝领地凉州的时候，把唐朝的使者赵德楷拘禁了。唐太宗先后十多次派人从中斡旋，要求吐谷浑放人，吐谷浑的首领伏允不听。伏允心里有自己的小算盘，打算以赵德楷作为谈判的砝码，要么要点地，要么捞点财。再说，这种做法是游牧民族的生产特性决定的，中原政府一般都会给点好处、打发走他们。

可是，这回吐谷浑胃口有点大，他们扣留人质达两年之久，李世民的耐心是有限的，在赵德楷被扣押的第二年，唐太宗派出了得力干将李靖、侯君集等，率兵一举攻破了吐谷浑，伏允被迫自杀了。伏允死后，他的儿子慕容顺（也称为伏顺）继位，但是慕容顺没有威望，不能服众，不久被部下所杀。在唐朝的帮助下，伏顺的儿子诺曷钵被立为吐谷浑的首领，诺曷钵也是吐谷浑王朝第 22 位继承人。

当时，诺曷钵的年纪很小，大臣们争权夺利，吐谷浑内部动荡不安，这时唐太宗看到了机会，再次派兵帮助诺曷钵稳定了政权。也许是唐太宗的授意，也许是诺曷钵势单力薄、感激唐太宗的帮助，两年之后，诺曷钵隆重地、正式地向唐太宗提出了和亲的请求，承诺奉行唐朝的年号，颁布唐朝的历法，派人前往唐朝服侍等。种种信号表明吐谷浑心甘情愿接受唐朝为宗主国。在表里相应的情况下，贞观十年（636 年），唐太宗答应了吐谷浑的和亲请求。

和亲之事总算谈妥了，实际进展怎么样呢？就在此时，吐谷浑这边又出事了！

诺曷钵的父亲慕容顺统治时期，屡屡冒犯中原，曾被唐太宗派遣的军队打败，慕容顺束手就擒，很快传出他被杀的消息。如今，诺曷钵继承王位，居然不报父仇，反而向大唐公主求婚。世界上最不能容忍的是两种仇恨：杀父之仇、夺妻之恨。诺曷钵请婚的做法被以宣王为代表的大臣视作大逆不道。他们屡屡提出意见，坚决不同意迎娶大唐公主，可现实却又容不得诺曷钵有半点的犹豫。

贞观十二年（638 年），新兴的吐蕃发兵吐谷浑，吐谷浑被迫迁徙到了青海之北。此时的吐谷浑王朝，风雨飘摇。诺曷钵心里比谁都明白，自从父亲去世后，只有采取与唐朝和亲的方式，才能争取到唐朝强大的兵力支持，才能保住吐谷浑的江山社稷。所以，第二年诺曷钵正式来到唐朝，以虔诚的姿态与唐太宗商谈迎娶弘化公主事宜。在这种情况下，唐太宗下诏授予慕容诺曷钵为可汗，册封他为河源郡王。

我们回到故事的开头，弘化公主要嫁的人正是年纪轻轻的慕容诺曷钵。还有一个问题：弘化公主是贞观十四年出嫁踏入吐谷浑的国土，为什么从贞观十年唐太宗答应诺曷钵的请婚，到贞观十四年才由淮阳王李道明护送公主出嫁？

一场和亲等待了 4 年之久，这是什么原因呢？

第一，诺曷钵起初是在唐王朝的直接帮助下被封为燕王，后又被立为吐谷浑可汗，当时他年纪尚幼。从史书记载可以推算，请求和亲并非他本人做出的决定，或许是政权内部亲唐一派提出的主张。然而，诺曷钵年龄渐长，他自己做主决定迎娶大唐公主是有可能的。

第二，吐谷浑越来越需要唐朝的保护。吐谷浑夹在大唐王朝和新兴王朝吐蕃之间，尤其是吐蕃发展迅速，实力渐渐凌驾于吐谷浑之上，对外扩张的野心越来越明显。新兴的吐蕃开始与吐谷浑有分庭抗礼之势。吐蕃听说唐太宗答应了吐谷浑的请婚，也不甘示弱屡次请婚，但是唐太宗并没有立即答应吐蕃的请求。诺曷钵主政时期，对唐太宗极为恭敬，每年献马、牛、羊数万只，每年都亲自入朝觐见。在和亲之后，诺曷钵依然恭恭敬敬，也证明了吐谷浑急需唐朝作为自己的保护伞。

第三，从经济的角度来说，吐谷浑是一个游牧民族，主要出产牲畜，需要中原生产的茶叶、布帛、铁器等生活必需品，唐王朝则需要大量马匹来扩大战备。在经济发展中，唐王朝和吐谷浑的边境互市活动大规模发展，双方需要和平共处，所以和亲是大势所趋。

如果说 4 年前，吐谷浑的请婚只是达成和亲的第一个步骤，双方都还没太在意的话，4 年后，和亲对双方来说，都变得必须而且急迫。唐太宗答应跟吐谷浑和亲，把这一步视作西征计划中的一个环节，也表达对西域各国中亲唐一派的肯定态度，具有示范效应。因此，与吐谷浑和亲是顺理成章的事情。

唐太宗准备选派一位唐朝的公主前往。实际上，唐太宗的子女众多，根据两《唐书》中《诸帝公主传》和《后妃传》的记载，明确见于史书的女儿有 21 位。除去早亡与已经出嫁者，完全可以挑选出一位女儿嫁给吐谷浑首领。但是，皇帝不会舍得自己的亲生女儿远嫁，选一个女孩册封为公主也不失为一个解决办法，历史上的和亲也有这样的惯例。选哪位公主呢？这就是我们故事的主人公——弘化公主。

弘化公主，也叫光化公主，陇西成纪人，622年出生在大唐王朝的宗室之家，墓志铭中写到“孕彩椒房、含辉兰阃”。椒房，在汉代的宫廷中，即有椒房殿一说，是后妃们所住的宫殿，在这里用椒房比喻弘化公主出身于后妃，说明她从小受到了严格的家教，知书达理。

弘化公主被选为和亲公主后，她忍痛告别疼爱她的家人，带着丰厚的嫁妆，前往蛮荒之地陪伴外族君王，她的心里一定忐忑不安。如果能以自己的婚姻换取国家边境的平安，虽是迫不得已，又何尝不是一件令人欣慰的事呢。在美丽的祁连山下，在那片广袤的草原上，弘化公主开始了全新的生活。

弘化公主也算是幸运的，她和慕容诺曷钵年龄相当，感情不错，但是没有料到的是，她还在适应异乡生活的过程中，一场危机悄悄向她袭来。弘化公主嫁到吐谷浑的第二年，经历了一次政治危机并且险些丧命，这是怎么回事呢？远嫁吐谷浑的弘化公主能否安然度过这场危机呢？弘化公主去世后，墓地为何选在了远离吐谷浑的甘肃武威？为什么弘化公主和儿子同年同月同日去世，又同年同月同日下葬呢？历史会有这样的巧合吗？

# 弘化公主的未解之谜

贞观十年，吐谷浑政权心甘情愿接受唐朝的保护，实际上是承认了大唐帝国的宗主国地位。在这种情况下，唐太宗下诏书授予吐谷浑的首领慕容诺曷钵为可汗，册封他为河源郡王，并答应了他和亲的请求。贞观十四年，唐朝第一个和亲公主弘化公主嫁到吐谷浑。

经过一年多的适应，两人的感情也逐步建立了起来，但是，一场危机也在悄悄袭来！在这场政治危机中，弘化公主夫妇被迫外逃，险些丧命，这是怎么回事呢？吐谷浑再三请婚，为什么在公主嫁过去之后又要除掉弘化公主呢？远嫁吐谷浑的弘化公主能否安然度过这场危机呢？

## 政权危机

虽然慕容诺曷钵已经是吐谷浑的国王，但此时吐谷浑政权内部极其不稳定。政治势力分为两派，一派是以诺曷钵为首的亲唐派，把迎娶大唐的公主看得无比重要，积极修复与唐朝的关系；另一派是以吐谷浑的国相宣王为首的亲吐蕃派，认为同样是相邻的两大强权，依附于日益崛起的吐蕃比依附于唐朝更为有利，两派之间矛盾重重。

《旧唐书》记载，641 年，宣王“阴谋作难，将征兵，诈言祭山神”，这是什么意思呢？吐谷浑民族是有原始宗教信仰的民族，将占卜、敬鬼神、祭祀天地和日月山川等看得无比重要，祭山神属于特别隆重的国家祭祀之一。这时候，宣王以祭祀山神的名义，调集军队，密谋将诺曷钵和弘化公主劫持。幸好，诺曷钵提前获悉了机密情报，知道了宣王的阴谋诡计，但是诺曷钵掌握的兵力比不上宣王，诺曷钵与弘化公主迫不得已一起出逃。

他们能逃到哪里呢？天涯茫茫，青草荒荒，步履维艰，举目无亲……在走投无路的情况下，诺曷钵想起了帮助自己登上可汗之位的靠山——唐太宗，想起了身边的妻子所带给自己的温暖与宽慰。于是，诺曷钵和弘化公主在部分人马的掩护之下，急匆匆地逃到了唐朝的边境鄯善城。到了鄯善城之后，弘化公主劝说诺曷钵赶紧派遣使者向唐太宗寻求军事支援。当唐太宗听说刚刚出嫁的弘化公主大难临头，毫不犹豫地派户部尚书唐俭率兵安抚。唐俭率领的部队很快就杀死了国相宣王，平定了叛乱。这样，唐太宗帮助诺曷钵又一次保住了政权。此时，唐朝与吐谷浑的关系像在蜜月期，唐太宗一心一意地帮助吐谷浑，但是这样的和平来之不易。

我们来梳理一下唐朝和吐谷浑的关系。在唐朝立国之初，吐谷浑由伏允领导，伏允周期性地入侵唐朝边境（今四川和甘肃南部地区），双方没有超过半年的和平。626 年，唐太宗登基后，吐谷浑的入侵仍在继续。《资治通鉴》记载了两次：628 年，吐谷浑袭击岷州（今甘肃定西）；632 年，吐谷浑袭击兰州（今甘肃兰州）。634 年，伏允试探性地与唐朝交好，派遣一名特使向唐太宗朝贡。朝贡的结果如何，史书没有记载，但在吐谷浑使者离开后，吐谷浑又开始侵略鄯州（今青海海东）。

唐太宗派特使到吐谷浑，谴责了伏允出尔反尔的做法，要求他来长安觐见，伏允找借口说自己病了，但还是故作谦虚地提出，请求唐太宗同意将一位公主嫁给他的儿子尊王。唐太宗先是口头答应了，但提了一个条件：尊王必须亲自到长安与唐朝公主和亲。没想到，尊王也跟父亲一样，找了同样的借口，也说自己病了。

唐太宗心知肚明，你们爷俩轮流生病，明显就是态度不端正、心意不诚，还是干脆取消和亲吧。在这次谈判之后，伏允继续攻击唐朝领土，还扣押了唐朝使者赵德楷。此后，唐太宗派了一批特使到吐谷浑，又召见吐谷浑的使者，亲自同他们协商，但伏允仍然没有让步。

也是在 634 年，吐蕃的赞普松赞干布向唐朝请婚。这时，吐谷浑特使正在长安向唐朝请婚。吐蕃趁机袭击了吐谷浑，吐谷浑国内人心惶惶，唐太宗派人前去安抚民众。伏允死后，即位的并不是曾向唐朝请婚的尊王，而是燕王诺曷钵，这样看来，慕容诺曷钵的上位与唐朝皇帝的暗中辅佐有直接关系。有了大唐的鼎力相助，吐谷浑这才安定下来。唐太宗帮助诺曷钵打败了叛军，可以说对诺曷钵有再造之恩。从此之后，诺曷钵统领下的吐谷浑更加依赖和追随唐太宗，每年向唐朝朝贡，进献大量的马匹与财物。

## 亡国亡家

一转眼，弘化公主已经在吐谷浑生活了 13 年。653 年，弘化公主请求入朝觐见，这时唐太宗已经驾崩，他的儿子唐高宗继位，在得知弘化公主要回娘家的消息后，唐高宗很期待见到远道而来的姑姑，特意派左骁卫将军鲜于匡济前往迎接。

十一月，弘化公主和诺曷钵到达长安，拜见了唐高宗。唐高宗很高兴，封慕容诺曷钵为驸马都尉，一高兴还做起了媒人，把会稽郡王李道恩的第三个女儿金城县主许配给了诺曷钵的长子慕容忠。什么是县主呢？县主是“县公主”的简称，是官方对皇族女子的封号，级别稍低于公主。这时的慕容忠和金城县主的年龄都很小，慕容忠 5 岁，金城县主 10 岁，直到 12 年后，两人的婚礼才正式举行。

武则天时期，还有一位唐朝的县主嫁到了吐谷浑，叫金明县主。根据《新唐书》记载，圣历元年（698 年），弘化公主带着她的第二个儿子寻求娘家人的支持，这时吐谷浑处在与吐蕃的激烈对抗当中，需要唐朝的帮助，武则天没有含糊，不仅同意了金明县主嫁到吐谷浑，还爽快答应了帮助吐谷浑。这两次级别稍低的和亲，分明是好上加好、世代为婚的典范。金城县主和金明县主先后嫁到吐谷浑，巩固了唐朝和吐谷浑的友好关系。

弘化公主在远嫁吐谷浑的五十多年中，多次往返于吐谷浑和中原之间。她不仅是唐朝外嫁的第一位和亲公主，也是所有和亲公主中最幸运的一位。弘化公主经常入朝觐见，在遇到困难时，可以及时得到娘家人的帮助。她为唐朝与吐谷浑的友好往来尽了最大的努力，她的个人生活也经营得风生水起。

当初弘化公主下嫁诺曷钵，曾引起吐蕃首领松赞干布的妒忌，松赞干布曾经向唐朝请婚，没有得到唐太宗的应允。当时吐谷浑面临的形势不容乐观，经常要与南边的吐蕃兵戎相见。638 年八月，松赞干布以吐谷浑离间唐与吐蕃联姻为借口，开始攻打吐谷浑。在弘化公主嫁到吐谷浑后一年，吐蕃的赞普松赞干布也顺利娶了唐朝的文成公主，吐蕃与唐朝也顺利进入了蜜月期。从此，西北的吐谷浑、西南的吐蕃与位于中原腹地的唐朝形成了相对稳固的“三角形”关系。这也是唐太宗安边政策的智慧所在，这样他可以腾出手来处理更为棘手的北方突厥以及东北部的高句丽。虽说三角形的关系最稳固，但只要任何一方态度有变，就很容易倾覆。

663 年五月，吐蕃与吐谷浑因相互攻击，分别派遣使者向唐朝求援，互相指责对方。这让唐高宗左右为难，都是邻邦，偏向哪个都不是，所以就没理这一茬。吐蕃与吐谷浑相互较劲的时候，吐谷浑这边的大臣素和贵叛国投敌，和盘托出了吐谷浑的军事实力和机密情报，于是吐蕃的军队在禄东赞的率领下，派出了精锐之师，乘虚而入打败了吐谷浑。史载：“吐谷浑自晋永嘉之末，始西渡洮水，建国于群羌之故地，至龙朔三年为吐蕃所灭，凡三百五十年。”[1] 有着 350 年历史的吐谷浑被吐蕃所灭。

在一般的历史读物中，很少提到吐谷浑。其实，吐谷浑是中国历史上少有的一个传奇，这支从东北的白山黑水千里跋涉、辗转迁徙到青藏高原上的游牧民族，创造了草原王国的众多奇迹：其一，吐谷浑立国三百五十余年，开创了少数民族地方政权存在时间最长的纪录；其二，现在我们提“一带一路”国家倡议，有陆地丝绸之路、海上丝绸之路，吐谷浑承载了草原丝绸之路上数个世纪的繁华；其三，在民族特产方面，吐谷浑培育了闻名遐迩的千里马“青海骢”，据说这种良马能日行千里。吐谷浑所创造的这些辉煌已经融入中华民族的共同历史中。可惜的是，有着三百五十余年历史的吐谷浑被吐蕃所打败，再也没有机会续写草原传奇。

吐谷浑不敌强大的吐蕃，亡国之后，诺曷钵与公主带领数千人马逃到凉州。唐朝皇帝派左武卫大将军苏定方为安集大使，试

---

[1] 《旧唐书》卷 198《吐谷浑传》。

图调停两国的怨怒。那为什么这次唐朝没有帮助吐谷浑呢？

《资治通鉴》记载：“（唐高宗）以凉州都督郑仁泰为青海道行军大总管……以备吐蕃，六月，戊申，又以左武卫大将军苏定方为安集大使，为吐谷浑之援。”[1] 学者皆以龙朔三年（663 年）为吐谷浑灭亡的时间，但是 669 年，唐王朝虽然布置了郑仁泰做好军事战备工作，派遣苏定方为安集使，但此时的唐朝经历的战争比较密集。657 年，唐朝用兵西突厥；660 年，灭掉了百济；666 年，讨伐高句丽。再大的国家也经不起接二连三的战争消耗。所以对于西部两个政权之间的战争，唐朝暂时采取了听之任之的态度，但政治姿态还是要摆一摆的。669 年七月，唐高宗部署契苾何力安抚吐谷浑，同年九月，史书上记载契苾何力仍然在朝廷议论吐谷浑的事情。不言自明，朝廷的态度值得玩味。

41 岁的弘化公主没有想到，在远嫁吐谷浑 23 年后，竟然成为了亡国亡家之人！但她心里清楚，吐蕃正是娶得了唐朝的文成公主，全面学习唐朝的先进制度与文化才更加强大的。杜甫有诗“国破山河在，城春草木深”，而对于弘化公主来说，国已破，山河更不在，弘化公主和慕容诺曷钵率领残部经过长途逃亡，来到凉州南山（即甘肃武威）暂时安居下来。他们把凉州作为缓冲之地，在这里居留了 9 年，等待了 9 年，希望有朝一日能收复失地、恢复家园。

在这提心吊胆的 9 年内，弘化公主“感时花溅泪，恨别鸟惊心”，弘化公主夫妇在失望、希望、等待中煎熬。美丽的凉州风景给她留下了挥之不去的印象，也许在那时的绝望中，她已经悲观地把凉州视作最终的归宿。

[1] 《资治通鉴》卷 201《唐纪》。

670 年，弘化公主上书唐朝，希望迁居大唐内地。但唐朝仍然希望吐谷浑回到故地，以遏制吐蕃。于是在 672 年，唐朝将诺曷钵和弘化公主迁到鄯州（今青海乐都）大通河之南。在这里，吐谷浑部落“畏吐蕃之强”，并没有过上安定日子。

唐诗中有“烽火连三月，家书抵万金”，这原本是说战争年代，报告自身平安的家书可抵万金。而对于弘化公主而言，她不得不多次向娘家人发去求助的家书。后来，唐高宗将他们迁徙到灵州境内（今宁夏灵武），设置安乐州，让诺曷钵担任刺史，实行自治化管理。弘化公主作为亡国之君的妻子，被迫跟随丈夫辗转奔波，此时的弘化公主已经快 50 岁了，颠沛流离的生活让她憔悴不堪，但她没有向命运妥协，依然全力协助诺曷钵建设新家园，以图东山再起。

可惜，曾经叱咤西北的吐谷浑部族，在被吐蕃打败后，散居各地，再也无力回归故国与家园。

## 死因之谜

688 年，与弘化公主相濡以沫 48 年的丈夫诺曷钵因病去世，唐王朝加封慕容忠为青海王。66 岁的弘化公主继续辅佐慕容忠治理安乐州。两年之后，武则天称帝，改唐朝国号为周。按照辈分，武则天应该称弘化公主为姑姑，她改封弘化公主为“大周西平大长公主”，还特赐弘化公主为武姓，此时的弘化公主已经是一位 68 岁的老人了。

8年之后，698年五月，弘化公主去世，享年76岁。但是，弘化公主之死却充满着重重谜团，千百年来无人能解。这里暗藏着哪些待解之谜？

根据弘化公主墓志铭的记载，弘化公主死于圣历元年（698年）5月3日，“寝疾于灵州东衙之私第”“圣历二年三月十八日，葬于凉州”，弘化公主还有一个名字，叫作光化公主，武则天时期，改封为西平大长公主，并且被赐姓为武，这也是为什么弘化公主的墓志铭的志盖上刻着“大唐故西平公主墓志铭”的原因。但是，墓志铭的另一段记载却让人对弘化公主的死因产生了疑问。

墓志铭的记载告诉我们，在弘化公主去世的同一天，他的儿子慕容忠也于“灵州城南浑牙之私第”去世，终年51岁。母子二人的灵柩于第二年三月运抵凉州，三月十八日葬于甘肃武威的青嘴喇嘛湾。母子二人竟然同日死同日葬，让人感到不可思议！

对此，《陇右金石录》中曾经写道：“同日而葬，事所恒有，乃母子同日而死，此事之未必有，殊可疑也。”同日葬，尚且可以理解，但母子二人同日死，并不多见。这中间究竟有着怎样的故事，死于疾病还是死于政治斗争？

我想，如果不是得了记载不明的急性传染病，母子同天死亡、同时下葬的最大可能应该是政治斗争或权力争夺。至于死于怎样的政治斗争，谁会向这对母子下毒手呢？此时的吐谷浑已经亡国，是否有残存的政治势力？我们充满疑惑，可惜史书没有告诉我们答案。

弘化公主死在灵州，死后又千里迢迢归葬于凉州，弘化公主只在凉州生活了9年，是否在那时她已经为自己选好了墓地？在吐谷浑慕容氏家族墓地，一座座大墓坐北朝南，建于山岗之上。

当时的凉州南山，离吐谷浑的政治中心较近，越过祁连山就是他们原来的领地。另外一个原因，慕容氏虽迁到了安乐州，但在凉州仍有部分吐谷浑部落长期游牧。正是由于这些原因，凉州才成为吐谷浑王族慕容氏的家族墓地。弘化公主的墓规格很高，坐北朝南，向东是她生前翘首以盼的大唐。弘化公主长眠于此，寓意着她始终挂念着曾经为之呕心沥血的国度，也希望自己死后能够望见再也回不去的故乡。

弘化公主嫁入吐谷浑是唐朝公主嫁给少数民族的开端，弘化公主也是唐代承担和亲任务的第一位公主。她在嫁到吐谷浑后，多次往返唐朝和吐谷浑之间，是双方友谊的使者。但是面对政权危机，她又被迫逃回到唐朝的边境，死后埋在了曾经生活的凉州。她的一生经历复杂，充满传奇，也给后人留下了许多未解之谜。弘化公主之后的吐谷浑民族，虽有多次迁徙，依附于不同时代的不同政权，但逐步融入了中华民族多元一体的格局中，再也没有作为一个独立的民族存在。

如果时光倒退，来到唐太宗将弘化公主嫁到吐谷浑的第二年，唐太宗的本意是牵制日益崛起的吐蕃，但他又答应了将文成公主嫁给吐蕃赞普松赞干布。从 641 年开始，唐朝、吐谷浑、吐蕃三方形成了三角形的稳定关系，和平共处，相安无事。为什么吐蕃会迅速发展起来，最终灭掉吐谷浑？只差一年嫁到吐蕃的文成公主为什么会超越弘化公主，在所有的和亲公主中享有最高的知名度？我们如何理解文成公主与松赞干布的情与爱呢？

# 吐蕃使者来请婚

640年，在大唐的宫殿里，唐太宗正在接待一位来自吐蕃的使臣，这位使臣叫禄东赞，他是吐蕃首领松赞干布的大相（相当于宰相），是松赞干布最为器重的大臣，这次作为吐蕃的专使率领一百余人来到长安，是为自己的“顶头上司”松赞干布请婚来了！

禄东赞要请婚，空着手来显示不出十足的诚意，他带了丰厚的见面礼——黄金五千两，珍宝奇玩数百件。为什么要带如此厚礼呢？这也有暗中较劲的意思。因为唐太宗统治下的长安城吸引了全世界的目光，空前强盛的大唐帝国成为东亚地区的领头羊，对周边民族产生了极大的吸引力。在大唐帝国赫赫战功的震慑下，在唐太宗开明民族政策的感召下，回纥、薛延陀、吐谷浑等边疆民族纷纷上书，共同尊称唐太宗为“天可汗”。

大唐帝国在诞生仅仅十余年，国力还没有完全恢复的情况下，就创造了空前辉煌的奇迹！许多政权纷纷争取与大唐搞好关系，有的称臣内附，有的贡物请封。

吐蕃请婚的场景我们可以从传世名画《步辇图》中窥见一斑。《步辇图》的作者阎立本运用高超的绘画技巧，描绘了这次会面的场景，既充分地表现了大唐“天朝上国”的威仪，又还原了当时请婚的隆重场面。正是因为唐太宗最终同意与吐蕃和亲，才有了文成公主嫁给松赞干布的千古美谈，才有了后世众多描写文成公主与松赞干布爱情的文学作品。

不过历史并非文学作品，事实上唐与吐蕃之间的和亲经历了一番曲折，甚至还经历了一场战争，这又是怎么回事呢？ 松赞干布当时已经征服了尼婆罗（今尼泊尔地区），娶了尼婆罗王的女儿尺尊公主，他为什么还要急于迎娶大唐的公主？唐与吐蕃和亲发生在怎样的历史背景下呢？

## 三国与三角

吐蕃崛起于青藏高原，位于唐朝的西南，与吐蕃相邻的是少数民族政权吐谷浑。在地理关系上，吐谷浑夹在唐朝和吐蕃之间，所以三者在利益的驱动下存在着摩擦、战争、合作。

大唐的弘化公主已经嫁到吐谷浑，吐谷浑与唐中央政府之间存在着和亲关系。需要指出的是，吐谷浑与吐蕃不一样，吐谷浑与中原政府之间的和亲是老传统了。吐谷浑原本是鲜卑族慕容氏的一支，原先居住在塞北，后迁到甘肃一带建立政权，慕容世伏隋朝开皇年间，娶到了光化公主。在唐代，吐谷浑的首领慕容诺曷钵又成功娶到了唐朝的弘化公主。吐谷浑接二连三地娶到中原王朝的光化公主、弘化公主，松赞干布能不忌妒吗？再者，居住在河西走廊的突厥处罗可汗的儿子阿史那社尔在贞观十年（636年）入唐请婚，也顺利地迎娶到了衡阳公主，衡阳公主是唐高祖李渊的女儿，李世民的姊妹。松赞干布见到别人一个个地请婚成功，并非无动于衷，他也早早地向唐朝请婚，可惜结果并不如意，事情得从几年前说起。

贞观八年（634年），松赞干布派遣使者到长安，希望与大唐和亲，当时吐谷浑首领也在长安请婚，两个政权都试图凭借和亲与唐朝加强往来。面对吐蕃的请婚，唐太宗没有爽快答应。因为赐婚不是随便赐的，是讲原则的。什么原则呢？一般是当边疆政权对唐朝表示臣服时才赐婚。

此时的吐蕃并未明确表示臣服。或许唐太宗觉得，古往今来中原还没有跟吐蕃交往过，我凭什么把公主嫁给你呢？于是，太宗派一位叫冯德遐的人充当使臣，前往吐蕃安抚了一番。怎么安抚的呢？《旧唐书·吐蕃传》记载了四个字“入蕃抚慰”，也就是让冯德遐亲自前往吐蕃，当面向松赞干布说明了情况，顺带介绍了朝廷对吐谷浑的政策以及对吐蕃的态度，但对于与吐蕃和亲，唐朝的态度是拒绝的，这一拒绝不要紧，激起了松赞干布的野心。

在此之前，松赞干布已经征服了尼婆罗，娶了尼婆罗王的女儿尺尊公主，他为什么还要急于迎娶大唐的公主呢？松赞干布是一个怎样的人，他这样做的真实动机是什么呢？

617 年，松赞干布出生，这时是中原王朝的隋朝义宁元年。松赞干布的父亲是吐蕃王朝的第 32 代赞普——朗日松赞。赞普是吐蕃百姓对君长的称呼，根据《新唐书·吐蕃传》的记载，吐蕃“谓强雄曰赞，丈夫曰普，故号君长曰赞普”。赞普，既表示雄健的男子，也表示王的意思。吐蕃民族有尚武的传统，欣赏强壮雄健的男子。在唐代汉文文献中，松赞干布的名称还有多种翻译，比如称呼他为弃（器）宗弄赞、器宋弄赞、弃苏农赞、弗夜氏、不弗弄赞等，这些均为音译。藏文称赞普为墀松赞。墀的意思是“舆”“王位”，松赞是名字；干布则是尊号，藏语意思是“深沉莫测”。从这些字眼中，我们可以感受到松赞干布的性格特征。为什么松赞干布会有深沉莫测这样一个尊号呢？他在一个什么样的家庭背景中长大呢？这要从他特殊的成长经历说起。

松赞干布三岁的时候，他的父亲朗日松赞率领吐蕃灭掉了吐蕃周围的苏毗部落，为青藏高原的统一奠定了基础。在这样一个尚武的家庭里，松赞干布被寄予继承权力与事业的厚望。朗日松赞对儿子的培养和教育极为关心，在很多事情上亲力亲为。这使得松赞干布受到百般宠爱，也受到了良好的教育和严格的训练，逐渐成为精通骑射、角力、击剑的壮小伙。松赞干布武艺出众，又爱好民歌，善于吟诗，小小年纪文武双全，他势必成为一位前途无量的王子，也势必成为吐蕃的继承者。

铜鎏金松赞干布像，清代，高 25.5 厘米，长 15 厘米，底宽 11 厘米，罗布林卡管理处藏。松赞干布是吐蕃第 33 任赞普，吐蕃王朝的建立者。

然而在 629 年，松赞干布的父亲朗日松赞被仇人毒害而死，年仅 13 岁的松赞干布不得不继承赞普之位。即位后，他一面缉查凶手，一面训练军队，很快平息各地的叛乱。随着年龄的增长，松赞干布开始掌握实权，他领导下的吐蕃处于急剧扩张时期，采取横向一体化发展战略，为争夺土地、草场和其他资源与周边民族频频发生战争冲突。《资治通鉴》记载，吐蕃“蚕食它国，土宇广大，胜兵数十万”，[1] 意思是说，吐蕃政权仰仗强大的兵力，逐渐兼并了周围弱小的政权与部落。

松赞干布逐渐称雄雪域高原，都城也由山南迁都逻些（今拉萨）。与吐蕃相邻的部落，如唐旄、苏毗、羊同、党项、白兰，都遭到了吐蕃的攻击，不得不表示臣服。

吐蕃东北部还有一个受唐朝保护的政权——吐谷浑。

[1] 《资治通鉴》卷 194《唐纪》。

吐谷浑，也称为吐浑，本来是鲜卑族慕容部的一支。在西晋至唐时期，位于祁连山和黄河上游谷地，是盘踞于今青海和甘肃一带的地方政权。吐谷浑曾被隋炀帝灭，隋朝建立后，在吐谷浑的领地上设立了四个郡县——河源、西海、鄯善、且末，其中鄯善和且末二郡的领地均已探入今天的新疆境内。这样，隋朝基本扫清了中原通往西域的门户，狭义上西域是指玉门关以西和帕米尔高原以东地区。隋朝攻下吐谷浑为进一步经营西域打好了根基。可惜，后来的隋炀帝将军事重心转向征讨辽东，并因三次远征辽东而耗尽国力，再加上隋炀帝在国内的暴政，开凿大运河等劳民伤财的工程，使得隋朝气数已尽，很快灭亡，未能继续在西北边陲建立霸业。

趁着隋末的大乱，吐谷浑成功复国。634 年，唐朝派遣一万兵力，花费一年多时间击败了吐谷浑原有政权，扶植了与唐朝关系亲密的半傀儡政权，吐谷浑自此又沦为大唐的属国。其实，吐谷浑在三者之间属于小兄弟，土地面积小，人口数量少，再加上地理位置处于唐朝和吐蕃之间。吐谷浑已经向唐朝臣服，相当于唐朝与吐蕃之间的缓冲地带缺失了。这时的吐谷浑首领已经迎娶了大唐的一位公主——弘化公主。借助和亲，吐谷浑有强大的唐朝作为靠山。

松赞干布意识到，既然唐朝是吐谷浑的“老大哥”，那么，吐蕃与大唐的直接冲突不可避免。松赞干布向大唐直接请婚不成，他做出了一个一箭双雕的决定。

## 痛打吐谷浑

松赞干布准备出兵痛打受大唐庇护的吐谷浑，一方面他一直有征服吐谷浑的想法，另一方面也想让大唐瞧一瞧吐蕃的实力。于是，吐蕃派出了大部兵力攻打吐谷浑。此时的唐帝国已经步入李世民执政的中后期，建国之初唐军在战火中磨砺出的锐气已经消耗大半，而松赞干布在兼并周边势力后对大唐的态度日趋强硬。从唐高祖武德六年（623 年）到唐太宗贞观十五年（641 年），吐蕃与唐朝在河西、陇右、关中（今甘肃、青海、陕西一带）和西域（今新疆、中亚一带）等地存在着时战时和的局面。

据《新唐书》记载："吐谷浑不能抗，走青海之阴，尽取其赀畜。"意思是说，吐谷浑被吐蕃打得逃往青海以北，还被劫掠走了一部分财物和牲畜。这时候，唐朝有没有及时庇护自己的"小弟"呢？可惜真没有！唐朝对吐蕃的挑衅行为无动于衷。为什么无动于衷呢？

我想这跟唐太宗的宏观战略有关。在唐朝立国之初，北方的突厥是国家的心头大患，在历史上往往记载得很简略。唐朝军队将突厥打败，使得突厥分裂为西突厥和东突厥，西突厥跑到了西北更远的地方，东突厥向唐朝表示臣服。实际上，唐朝攻打突厥的时候非常艰难，持续的时间也非常长。从 620 年至 657 年，30 多年的时间，双方打得不可开交。640 年，唐朝击败东突厥，657 年，击败西突厥。当时唐朝全力以赴对付突厥，对于未知的吐蕃，还不是很着急去处理，这也是唐太宗的策略之一。

吐蕃打败吐谷浑之后，吐蕃和唐朝中间没有了缓冲地带，骚扰唐朝就成了松赞干布的第二个步骤。638 年，松赞干布的军队攻入松州。松州，即现在的四川松潘，地理位置非常重要，一边扼岷山，一边控江源，这里被称为“川西门户”，自汉代以来，松州一直为兵家必争之地。

松州地处吐蕃、吐谷浑与唐朝的交界地带，但从行政归属上来说，属于唐朝，松州也是唐朝剑南道通向吐谷浑的交通要道。既然松州是吐蕃、吐谷浑与大唐利益的交汇点，那么松州也具有无可替代的战略意义。松赞干布干脆想了另外一招。

《旧唐书》记载，松赞干布“于松州（今四川松潘）西境，遣使贡金帛，云来迎公主”。松赞干布一边带着金帛作为礼物，一边在高调地宣战——我来到你大唐的松州，不为别的，就是来迎娶大唐公主的。在这里，我们可以看出，吐蕃不是真心实意地求得大唐公主，而是利益驱使下的一种对外策略。刚开始，吐蕃的进攻十分顺利，松赞干布打着打着，在进逼松州时，遇到了难题，久攻不下。这是为什么呢？这跟松州的地理特性有关，也跟吐蕃内部的兵变有关。

从地理位置上来说，松州这个地方没有多少人口与土地，没有多少经济利益可图。可是地理位置非常特殊，占据自然天险，638 年，吐蕃军队攻入松州，唐朝不能眼睁睁地看着国土沦陷，出兵迎战，这意味着唐朝与吐蕃正式交战。刚开始，唐朝军队的将领韩威比较轻视吐蕃军队，导致唐朝军队受挫。虽然损失并不大，但引起了连锁反应——原本附属于唐朝的部分羌族部落发生了叛乱，纷纷向吐蕃示好，唐朝暂时处于不利境地。

## 唐朝军队的反击

松赞干布借着这一点点胜利果实，态度非常强硬，向唐朝叫嚣“公主不至，我且深入”。他的意思非常明确，大唐要是不答应将公主嫁给我，那我可就真要深入你国境了。吐蕃在松州的进攻一时得势，松赞干布的态度又十分骄横，唐太宗一听，火了！他下定决心对吐蕃施以重兵，想给这位目空一切的年轻人一点颜色看看。试想，李世民南征北战，还怕小小的吐蕃不成？

唐朝迅速派出了主力部队，当时的领兵将领为牛进达，《旧唐书》记载：“（牛）进达先锋自松州夜袭其营，斩千余级。弄赞大惧，引兵而退，遣使谢罪。”牛进达利用夜间偷袭的方法，消灭了吐蕃的部分人马，并斩首千余人。夜袭吐蕃军队的效果很明显，速见成效。其实在牛进达进攻之前，吐蕃的军队已经攻打松州城达十天之久，我们知道有个成语叫“兵贵神速”，久攻不下的话，军队的士气难免有些懈怠。而唐朝军队采用的战术是“夜袭其营”“夜鏖其营”，这种搞突袭的方式使得吐蕃非常狼狈。

不仅这样，唐太宗还派出了以吏部尚书侯君集为行军大总管的主力部队，统兵的将领还有右领军大将军执失思力、右领军将军刘兰，这些将领都很能打，都以善战而著称，带领了约 5 万步骑，再次向松州进发。

吐蕃有多少兵力呢？《旧唐书》《新唐书》和《资治通鉴》均记载为 20 万。根据学者的考证，这个数字有些夸张了，松赞干布时期的兵力划分为六如六十一东岱，东岱就是千户所，每个东岱约管理1000户，这样算来，兵力大概在5万左右。难道这回大唐和吐蕃真的免不了要在松州决战吗？

松赞干布进攻松州的目的不是抢占唐朝的土地和人口，再说松州人口真不多，他有自己的算盘——希望唐朝赐婚。娶得唐朝的公主那么重要吗？松赞干布深知自己并不缺女人，事实上他的确不缺少女人，得到唐朝赐婚的好处不仅仅可以获得物质赏赐，更重要的是与唐朝建立基于和平基础上的全面合作，既可以获得唐朝的保护，又可以学习唐朝先进的礼乐制度与文化。可没想到的是，唐朝不但不赐婚，还真刀真枪地打起来了。

在这节骨眼儿上，如果松赞干布不撤军，继续与唐军对峙的话，他的目的并不容易实现。如果历史可以假设，唐太宗29岁凭借军功与政变登上皇位，以他的脾气，搞不好会灭了吐蕃。但是，在这时候松赞干布“屋漏偏逢连夜雨”，他的后院“起火”了。

吐蕃的军队连年征战，军中将领思乡心切。《新唐书》记载，吐蕃军队“初东寇也，连岁不解，其大臣请返国，不听，自杀者八人”。军中大臣有八人以自杀相逼，罢战的呼声越来越高。松赞干布明白，在后方不稳的情况下，以吐蕃的力量与势力强大的唐军作战，太过于冒险。于是，松赞干布决定撤军，再次回到松州之战的原点——派遣使臣向大唐谢罪，并且趁机表达了仰慕唐朝的态度，希望能够娶得一位唐朝的公主。

在松州之战中，为什么吐蕃军队不战而退呢？我认为主要有三个原因。

第一，吐蕃在松州之战前四处扩张，连年作战，百姓负担沉重，厌战情绪滋生，上下皆欲休养生息，众多新征服的部落和土地需要时间来加强控制。从松赞干布挥师东侵吐谷浑开始，大臣中就有劝阻者，这次以死相谏的将领多达八人，在国力已疲、内部不稳的情势下，吐蕃主力在唐境中与5万精锐唐军进行决战，恐怕凶多吉少。

第二，松赞干布陈兵松州的战略目标并非夺占土地和城池，而是希望通过侵袭边境的手段逼迫大唐答应和亲，通过和亲手段来加强与中原的沟通，在贸易、文化等各个方面与唐朝达成全面合作。为了吐蕃的现实利益与长远利益，松赞干布并不愿意与唐朝彻底闹翻。

第三，双方的国力、军队战斗力均不在一个重量级上，军队战斗力是国力的反应。松赞干布心里有数，就算能在松州决战中取胜，也一定是惨胜，很可能是两败俱伤，这并不符合吐蕃的整体利益。此时的吐蕃刚刚走上扩张之路，自然不愿与强大的唐朝交恶，获得唐朝的保护才是他的最终目标，松赞干布再次向唐朝派出了请婚使者。

经过了这一番折腾，唐太宗也意识到了与吐蕃不宜交战。如果交战，必须得分一部分兵力来到西南战线，当时唐朝正在全力以赴对付北部的突厥，需要集中优势兵力，不能把战线扩大到吐蕃。另一方面，吐蕃对于自己的实力心知肚明，以战争的形式探得唐朝的态度，如果能达成和亲的意愿，将是最为明智、最为理想的局面。

史书的记载有点、有面，如果说松赞干布娶得唐朝公主是历史记载中的点，是静态化的历史，真实的历史史实则是面，我们探究史实的过程中，要注意动态化的历史，要将事情尽可能地还原到本来的面貌。其实，唐朝公主出嫁吐蕃是双方期待已久的事情。那么，为什么文成公主会被选定为和亲公主呢？唐代宫廷画师阎立本笔下的《步辇图》该如何解读，又隐藏了哪些不为人知的真相呢？

# 打出来的交情

吐蕃首领松赞干布多次向大唐请婚，希望迎娶一位大唐的公主，但几乎在同时，向唐朝请婚的另一个少数民族政权吐谷浑，却已经娶得了唐朝的弘化公主。刚开始，唐太宗没有答应吐蕃的请婚，松赞干布为了让唐朝意识到自己的实力，不但派兵攻打吐谷浑，而且还攻入松州，松州是吐蕃与吐谷浑以及唐朝的交汇点，但从地理归属上来说，属于大唐的本土。唐朝不能眼睁睁地看着国土沦陷，被迫出兵迎战，但是双方军队的战斗力不在一个量级上。

松赞干布攻打松州的目的并不是夺占土地和城池，松州地广人稀，没有多少经济利益可图。松赞干布是希望通过以侵袭唐朝边境的手段逼迫大唐答应与吐蕃和亲，只有通过和亲，才能加强与中原的沟通，在贸易、文化等各个方面与唐朝达成全面合作。经过松州之战这一番折腾，唐太宗终于答应了吐蕃的请婚，那么，唐太宗是出于什么考虑呢？又为何选定文成公主作为和亲吐蕃的公主呢？

## 不战而胜

通过松州之战，尤其是吐蕃军队打败韩威率领的唐朝军队，李世民已经充分认识到不能轻视吐蕃。吐蕃方面，明知自己实力稍微差一些，也没想到唐朝派重兵予以回击。原本只是想骚扰一下唐朝的松赞干布，一看情况不妙，也怕引火烧身，赶紧不战而退，向唐太宗道歉，道歉不是目的，与唐朝建立更加亲密的合作关系才是他的最终目标，松赞干布心里明白，请求娶得唐朝的公主是建立亲密关系的标志与强化。

松赞干布是精明之人，他深知政权初建，需要稳定的政治局面，需要与邻邦搞好关系。他富有政治远见，甚至连自己的婚姻都带有国家政治色彩，首先与西边的邻国尼婆罗国通好，迎娶尼婆罗的尺尊公主，之后向大唐伸出了橄榄枝，希望能娶到大唐的公主。

松赞干布在退兵的时候，态度很好，先行向唐朝道歉。松赞干布已经探到了唐太宗的态度，唐太宗看他这么诚恳的态度，下令唐军不再追击。《旧唐书》记载，松赞干布“因复请婚，太宗许之”。在这种尴尬的处境下，松赞干布趁机提出了和亲的请求，再一次派出了请婚使者禄东赞。唐太宗决定顺水推舟，答应了他的请婚。

问题来了：为什么唐太宗爽快退兵而没有乘胜追击呢？我分析了一下，大概有三个原因。

第一，唐太宗对吐蕃并没有过多关注。吐蕃是新兴政权，居于高原，自然条件并不好，从战略上来说，易守难攻。松州之战中，吐蕃快速撤军，松赞干布表现出来的诚意和态度也是较好的，对唐朝并没有构成多大的威胁。

第二，从唐太宗这一方面来说，他在下一盘很大的棋，大唐周围的民族关系还没有完全捋顺，北方的薛延陀、西北的西突厥、东北的高句丽更能引起他的担忧。在长达十余年的战争中，大唐始终被突厥牵制，这令唐太宗大为头疼。此时的唐太宗希望集中精力对北方、西北、东北用兵。

第三，唐太宗推行的府兵制无法支撑长期战争。府兵制的特点是“兵农合一”，军队的主力是耕种土地的农民，农闲时间训练，战时从军打仗。如果发生长时间的拉锯战，势必影响士兵正常的农业生产，这样导致唐朝无法承受与吐蕃打持久战的消耗。在唐朝有限的兵力下，没有必要选择四面开攻。

从另外一个角度来说，松赞干布攻打松州见好就收，这一步棋走得非常妙，以极小的成本获取了巨大的利益。因为唐太宗答应了松赞干布的和亲请求，松赞干布喜出望外。接下来，他派遣使者禄东赞来到大唐，《旧唐书》记载“献金五千两，自余宝玩数百事”，献上这些宝物的目的只有一个——顺利迎娶大唐的公主。

## 解读《步辇图》

阎立本是唐朝的御用宫廷画师，他所作的《步辇图》完美地记录了吐蕃请婚的场景，因为唐代的《步辇图》原本已经失传，我们现在所能看到的是宋朝人的临摹本，现藏于故宫博物院，尽管是宋代的临摹本，也入选了“中国古代十大传世名画”。从政治史的角度来说，《步辇图》描绘的事件在中国民族交往史上具有划时代的意义。

《步辇图》将时间定格在640年的历史瞬间——在大唐的宫殿里，唐太宗正在接待一位来自吐蕃的使臣。这位使臣是松赞干布的使者禄东赞，他向唐太宗请婚的场景历历在目。放眼看去，观众通常会被图卷右半部分坐在步辇中的男人所吸引。这就是唐太宗，在宫女们的簇拥下，他正在接受左侧三位的趋拜，这正是全图的焦点。左侧三人中站在最前面、穿红衣的人为唐朝的典礼官，即负责民族与外交事务的鸿胪寺官员；左一穿素服、戴软帽（这种软帽在唐代称之为幞头）为通译者，也就是翻译人员；站在鸿胪寺官员后面的人正是吐蕃的使者禄东赞。

为什么说《步辇图》左侧三人中的中间那位是禄东赞呢？主要依据他的穿着与发型，尤其是发型方面。中原男子多为束发或戴冠，而中间秃发是吐蕃男子的流行发型。当时有一种说法：吐蕃人是东晋末年南梁国王秃发利鹿孤的后代，因为失国而流落到青藏高原，为了纪念先祖，后人以“秃发”为国号并以秃发为流行发式，这在唐代的官方史书中均有明文记载。不过，实际情况并非如此。

北方游牧民族中，契丹族的男子也以中间秃、两边留发为流行发式，跟吐蕃并没有直接关系。学界对西藏的古寺庙壁画和吐蕃俑等人物形象的研究，证明了吐蕃人并非内地迁徙而来，而是始于本土的繁衍生息。西藏昌都卡若遗址、拉萨曲贡遗址等史前考古遗址的研究也可以证明：“蕃”是一个本土部落的名字，后来发展成了部落名。我个人认为，中间秃发的发型在现在看来未必美观，但属于当时人们的一种特殊审美。这种中间秃、两边留发的发式也叫髡发，在古代，髡发为某些少数民族地区常用发式，《后汉书》《三国志》《南齐书》等均有记载，后来的辽金时期，髡发也曾经流行很长时间。“吐蕃”是藏语的音译，而不是秃发演变的谐音。既然不是吐蕃的专有发型，阎立本怎么还这样画呢？我想，这也正如把唐太宗刻画得威风凛凛一样，体现了当时存在的民族偏见，趁机秀一把天朝上国的国威。与此相凸显的唐太宗的形象才是全图的焦点。

阎立本煞费苦心，生动细致地刻画了唐太宗——神情俊朗，目光深邃，表情凝重，不怒自威，充分展露出盛世唐朝一代明君的风范与威仪。中国的绘画、建筑，讲究“尊者为上”，阎立本为了更好地凸显唐太宗的至尊风度，巧妙地运用对比手法进行衬托。一是以宫女们的娇小，来衬托唐太宗的威仪，宫女们或执扇或抬辇，或侧立或正立、或前趋或后行，这些体态无非是映衬唐太宗的壮硕、深沉与凝重，为反衬的绘画技巧；二是以禄东赞的诚挚谦恭、持重有礼来衬托唐太宗的端肃平和、蔼然可亲，为正衬的绘画技巧。从《步辇图》我们可以看出阎立本的创作原意以及思想架构，《步辇图》不设背景，结构上自右向左，重点突出，主题鲜明。

阎立本所使用的绘画技巧，正是他的高明之处，既充分地表现了大唐“天朝上国”的威仪，又巧妙地还原了故事细节。他在哥哥阎立德死后继任将作大匠之职，是朝廷的御用画师，官至右宰相。他从拥护统一、赞美政权立场出发，描绘大量帝王的事迹，这一立场符合官方的要求，但也招致了时人“左相宣威沙漠，右相驰誉丹青”[1]的冷嘲热讽，因阎立本没有战功，仅凭借当时官方要求的丹青绘画而官至宰相引起非议。

长期以来，一部分人对于文成公主的认知往往限于传世名画《步辇图》所制造的“你情我愿”的美好歌颂，然而文成公主待嫁前的真实历史被刻意掩盖在了《步辇图》的绘画主题之外。松赞干布向唐朝派出了请婚使者，这便是官方画师阎立本所绘就的《步辇图》，众所周知的静态化的历史事件。吐蕃的使者禄东赞肩负着为赞普请婚的神圣使命，史书记载“黄金五千两，它宝称

[1]《大唐新语》载：“高宗朝，姜恪以边将立功为左相，阎立本为右相。时以年饥，放国子学生归，又限令史通一经。时人为之语曰：‘左相宣威沙漠，右相驰誉丹青，三馆学生放散，五台令史明经。’”

是，以为聘”。[1] 和亲作为一种政治手段，其效果远远超过了婚姻本身，和亲具有开放性、交融性、多元性、政治性等特点。这在文成公主与松赞干布的婚姻中体现得淋漓尽致。

## 和亲公主的类型

唐太宗经过一番考虑，终于决定答应吐蕃的和亲请求。要知道和亲政策并不是当时唯一的民族政策，一般情况下，和亲是当国势衰微的时候，对少数民族的求全之策。但是，唐太宗答应吐蕃的请婚则带有“赐婚”的性质。在这样的背景下，选取一位通晓诗书的女孩子远赴吐蕃和亲成了当务之急。

按理说，和亲的对象应该是公主，也就是皇帝的亲生女儿。跟前面提到的唐太宗派弘化公主嫁到吐谷浑一样，唐太宗子女众多，还是可以挑选出一位女儿嫁给松赞干布的。但是，皇帝不会舍得将自己的亲闺女远嫁天边，只好选一位女孩子册封为公主。但是，选择出嫁公主的身份可是大有学问的。

唐朝中央政府依据边疆政权的综合实力以及与唐朝的关系来决定出嫁和亲公主的人选，从和亲公主的身份可以判断出中央王朝对边疆政权的重视程度。承担和亲任务的公主分为四类：

其一，宗室女。所谓宗室女，就是和皇帝有亲戚关系，属于皇室成员的女性。比如唐太宗时期，弘化公主下嫁给吐谷浑王慕

[1] 《新唐书》。

容诺曷钵。当时吐谷浑对唐朝没有威胁又主动示好，唐太宗看似重视吐谷浑，事实上并没有过分亲近吐谷浑。弘化公主是唐太宗的族妹，也就是跟太宗同辈的远房妹妹，属于宗室女中的近亲。宗室女出嫁的对象多为唐朝周边具有一定实力却不足以产生威胁的游牧民族。

其二，比宗室近亲关系稍远的宗室外甥女，一般为某位公主或郡主的女儿。宗室外甥女，像后来唐玄宗时期的永乐公主、固安公主、燕郡公主、东光公主、东华公主、静乐公主和宜芳公主，她们的和亲对象为奚族、契丹等，这些民族与唐有反复冲突，但唐朝出于宏观考量必须争取。

其三，最高等级为皇帝的亲生女儿，包括宁国公主、咸安公主、太和公主。为什么皇帝会派出亲闺女呢？而且她们出嫁的对象都是回鹘的可汗。这是因为回鹘在安史之乱发生后帮助唐朝平定叛乱，是唐朝当时最为倚重的军事力量。为了获得回鹘的武力支持，唐朝皇帝罕见地让亲生女儿承担和亲任务。

其四，与唐朝皇室没有直接关系但被临时册封的臣僚之女，包括金河公主、崇徽公主。金河公主是突厥后裔阿史那怀道之女，她出嫁到突骑施。崇徽公主是铁勒族将领仆固怀恩（其身份为入朝蕃将）之女，嫁给回纥可汗。这种和亲属于唐朝利用周围复杂的民族关系而相互协调。

在众多的备选女子中，为什么文成公主会顺利入选呢？在打算与吐蕃和亲之后，大臣们推荐了一位妙龄女子，人长得端庄丰满，自幼饱读诗书。唐太宗一看，也非常满意，她是谁呢？她是唐朝宗室任城王李道宗的女儿——文成公主。我们先来看一下她独特的身世。

625 年的一天，在山东任城（今山东济宁）的皇室成员家中，一个小女孩呱呱坠地，这个天庭饱满、足月出生的孩子很是惹人喜欢，全家人沉浸在欢快的气氛中，丫鬟们争相抱来抱去。小女孩的父亲正是大唐宗室李道宗，李道宗是唐高祖李渊的堂侄，跟唐太宗是平辈的兄弟。他一直跟随李渊南征北战并且立下了赫赫战功，因而被封为任城王。女儿的出生让李道宗喜不自禁。

这位小女孩就是后来的文成公主，当时她还没有名字。关于文成公主的身世，唐代官方史书仅仅记载她为宗室女。文成公主的祖籍、出生地、名字、父母均不清楚。说她的父亲是李道宗，也是学者们根据史书上的蛛丝马迹而做出的推测。《新唐书》记载："贞观十五年，妻以宗女文成公主。"《旧唐书》记载："贞观十五年，太宗以文成公主妻之，令礼部尚书、江夏郡王道宗主婚。"这也是学者们推测文成公主的父亲是江夏郡王李道宗的直接证据。

在中国古代，公主是对皇帝女儿的专有称谓。除了皇帝的女儿，皇帝的姑姑为大长公主、皇帝的姊妹为长公主。只有在特殊情况下，王的女儿、宗室贵族的女儿才会破格晋封为公主。这样看来，文成公主并不是真正的公主，用现在的话说，文成公主是"山寨版"的公主。既然史书上没有明确记载文成公主的身世，是不是说明她身份比较低下呢？

当然不是！唐代的公主往往没有名字的记载，像武则天的女儿太平公主，她的出身可谓显赫，父亲为唐高宗李治，母亲为中国历史上唯一的女皇帝，应该算是贵盛无比，号称"二十年内唯有太平公主"。她有确切的名字吗？难道"太平"就是她的名字？不是的。"太平"是她出家做女道士的道观名，太平公主为什么出家做女道士？正是为了躲避吐蕃的请婚。唐高宗的另外一位女儿宣城公主，也没有记载叫什么名字，她在成年之后被赐封为宣城公主，她真正的名字叫什么呢？近年来，宣城公主的墓志铭被考古发掘出来，墓志铭中写着“公主，讳下玉”，说明宣城公主的芳名叫李下玉。如果不是墓志铭的出土，我们无从知晓。所以从这个角度来说，文成公主没有名字是在情理之中的。

历史不会有横切面，在时光的交错中，人们无法预知下一步会遇见谁，会发生怎样的故事，谁会成为谁的伴侣。但是，命运就是这么神奇——跨越时间、跨越地域、跨越民族，松赞干布与文成公主的人生就是在这样的背景下产生了交集。吐蕃的子民尊称文成公主为“甲木萨”，藏语中“甲”的意思是“汉”，“木”的意思是“女”，“萨”的意思为妻子或妃子，可见文成公主藏语名字的意思是“汉族的妻子或妃子”。正是因为民族语言翻译的问题，“萨”对应的词义既有“妻子”又有“妃子”，这引起了学术界对文成公主嫁到吐蕃后到底有没有被正式册封的争论。

唐朝答应了松赞干布的请婚，松赞干布当然乐在其中。接下来，无非进入请婚、议婚、迎娶的程序。通过这个故事，我们可以看出和亲的动机以经济实力和综合国力强弱来决定，分为两种情形。第一种，当中原王朝实力薄弱的时候，为了求得边境安宁，不得不与少数民族和亲，例如刘邦与冒顿单于的和亲。第二种是当中原王朝势力强大的时候，少数民族为了寻求中原王朝的认可和支持，或者是向往中原先进的生产与生活方式，主动向中原王朝靠拢，达到和亲的目的。在中国历史上，和亲作为中国古代中原王朝应对边患的一种策略，常常被用来建立或修复政权之间的关系。文成公主与松赞干布的婚姻属于哪一种呢？属于第二种。

在《步辇图》所反映的请婚之后，松赞干布派出的使者禄东赞是否顺利完成了任务呢？意气风发的唐太宗怎能甘心让吐蕃轻易娶走大唐的公主？他是如何制造难题来捉弄吐蕃的使臣呢？为什么民间流传着那么多唐太宗为难吐蕃请婚使者的故事，比史书中的内容更加丰富呢？故事是真是假呢？一场有趣的招亲比赛开始了。

第五讲

# 惊心动魄的比武招亲

7世纪中期，吐蕃的赞普松赞干布知道政权建立之初，需要稳定的政治局面，更需要与邻邦搞好关系。他富有远见卓识，所以连自己的婚姻都带有了政治色彩，首先与西边的邻国尼婆罗国搞好关系，主动迎娶了尼婆罗王的女儿尺尊公主。娶完尺尊公主后，他看到东方的唐朝更加强盛，于是他又向唐朝伸出了橄榄枝，希望也能像跟娶得尼婆罗公主一样，迎娶到大唐的公主。

松州之战，大大出乎松赞干布的预料，没想到唐朝军队与吐蕃真刀真枪地打起来了。明知自己打不过，松赞干布赶紧不战而退，但是松州之战松赞干布也不是没有收获，相反收获巨大。因为他已经探到了唐太宗的态度，迎娶大唐的公主成为可能，而且很快唐太宗也初步答应了他和亲的请求。

禄东赞代表松赞干布来请婚，唐太宗会轻易放过他吗？唐朝的公主岂能随随便便娶到手？一场惊心动魄的比武招亲开始了。

## 闯关难题

贞观十四年（640年），松赞干布派大相禄东赞向大唐求亲。在藏族口耳相传的民间文学中，唐太宗之所以将美丽多才的文成公主许配给吐蕃的赞普，是因为请婚使禄东赞的功劳，禄东赞聪明伶俐，机智果敢，顺利地解决了唐太宗所出的各种难题。

当时大唐帝国国泰民安，周边民族纷纷向往大唐的强盛，当时竟然有五个兄弟民族的首领同时向唐朝请婚，除了吐蕃外，天竺、大食等都派了使者请婚。唐太宗很是为难，将公主嫁给哪个民族的首领好呢？他左思右想，为了公平起见，不如采用比赛招亲的办法：请五位大使参加考试，谁最终获胜，唐太宗就把大唐的公主嫁给他们民族的首领。

641 年，年初的一天，一场盛大的比赛招亲开始了，这可不是简简单单的比武，比的还有智慧。既然是比赛招亲，唐朝设置了哪些闯关难题呢？

第一个难题是如何用绫缎穿过九曲明珠。这时，唐太宗拿出一颗九曲明珠，让请婚的使者们想办法把一根柔软的绫缎丝线穿过去。九曲明珠孔眼又细又小，这可怎么办呢？其他的使臣们抓耳挠腮，绞尽脑汁也想不出办法来，有人勇敢地跳出来试了几次，但没有穿过去。禄东赞也很犯难，他坐在一棵大树下左思右想，一时找不到灵感。忽然，他发现了一只大蚂蚁，于是他灵机一动，计上心来。禄东赞找来一根丝线，拿丝线做什么呢？先用一根马尾鬃毛拴住蚂蚁的腰部，再在九曲孔眼的另一端抹上蜂蜜，蚂蚁闻到蜂蜜的香味，便带着马尾鬃毛进入九曲明珠的孔中。禄东赞使劲吹气，这时蚂蚁从另一头钻出来，再把丝线连接到马尾鬃毛上，绫缎也就随着丝线从九曲明珠中顺利穿过。禄东赞刚一亮相，就获得了一片掌声。

第二个难题是母子关系辨认。唐太宗让人把 100 匹母马和 100 匹马驹混合在一起，要求这些请婚使者迅速辨认出它们的母子关系。其他的请婚使者有的按毛色区分，有的照老幼搭配，有的则以高矮相比，然而这些方法都不奏效，反而张冠李戴，把马群中的母马与小马弄混了。在大家都犯难的时候，来自草原民族的禄东赞颇有经验，他先把母马和马驹分别圈养起来，并且一天一夜不给马驹喂食喂水，第二天母马和马驹被放出来时，令人惊奇的事情出现了，小马都自动地走到自己的母亲身旁吃奶，100

匹小马驹很快找到了自己的母亲。虽然说这种做法令人惊奇，却也符合动物的常理。

第三个难题是鞣羊皮大赛。这道题是给同来求婚的五个少数民族的使者每人 100 坛酒和 100 只羊，让他们在一天内喝完酒、吃完肉，还要把羊皮鞣好。有的民族的请婚使者要么先喝酒，要么先吃肉，不一会儿就酩酊大醉，早就把皇帝交代的鞣羊皮的任务抛在了九霄云外。禄东赞不慌不忙，他先让随行的 100 名骑士排成队，宰了羊，一面小口小口地喝酒，小块小块地吃肉，一面鞣羊皮。不到一天的时间，就把酒喝完了，肉吃净了，羊皮也搓揉好了。

第四个难题是集结为号、夜入皇宫。通知要求各位使者晚上以鼓声为信号，当他们听到鼓声，就表示皇帝要宣他们进宫。禄东赞琢磨，既然是晚上进宫，黑灯瞎火的，必有他意，再说自己刚来，人生地不熟。他就长了个心眼，在进宫的路上悄悄留下了记号。果不其然，唐太宗在让他们进宫之后，又立即让他们回去，其他几位使者都迷了路，只有禄东赞按照先前的记号顺利回到了驻地。

第五个难题是辨认文成公主。让文成公主和 300 名（也有说 500 名、2500 名）宫女打扮得一模一样，站在一起，谁先认出来公主，谁就可以有资格把公主迎娶回去。其他的使者见了一个个穿着华丽服饰、丰腴婀娜的唐朝美女均没了主意，也慌了手脚，只有禄东赞事先做了相关的功课，在做功课的同时，还得到了高人指点，这位高人就是曾经服侍过文成公主的汉族老大娘。从汉族老大娘口中，禄东赞知道了文成公主的容貌特征：体态窈窕，皮肤白皙，双眸有神，性格坚毅而温柔，脸上有莲花纹，额间有一颗红痣，牙齿洁白细密，口生莲花，颈部有一个痣。禄东赞一下子获得了文成公主这么多特征的信息，招亲比赛的那一天，其他使者不知道哪位才是文成公主，而禄东赞一下子就辨认出了第七位美女正是文成公主。

以上这些故事就是藏族民间文学中流传的“五试婚使”的故事，在拉萨大昭寺和布达拉宫内，至今完好地保存着这一故事的壁画。除了上面所说的“五试婚使”的故事外，唐太宗为难吐蕃请婚使者的故事有多种版本，还有“六试婚使”“七试婚使”的说法。那“六试婚使”“七试婚使”的说法又增添了哪些内容呢？是不是难上加难呢？

我们来看一下，“六试婚使”的故事加了一道题，如何辨别100 根粗细相同的木棒的头和梢。禄东赞是如何应对的呢？他首先命令随从将木棒推入水中，木棒入水之后，头重尾轻，自然地竖立了起来，这样就很快分清了头和梢。

“七试婚使”的故事是什么呢？“七试婚使”加上了另外一道母子关系的辨认题。这次，把马换成了鸡。要求使者们指认100 只母鸡与 100 只小鸡的母子关系。这件事又把其他婚使难住了，谁也指认不清。禄东赞是怎么辨认的呢？他把鸡赶到平地上，撒了很多小米，母鸡一见小米，就“咯咯咯”地呼唤小鸡来吃，只见大多数小鸡跑到自己妈妈的身边吃米去了。但是仍有一些顽皮的小鸡不听呼唤，各自东奔西跑地去抢食，于是禄东赞学起鹰的叫声，小鸡听见，信以为真，急忙钻到了各自母亲的翅膀下藏起来，母鸡与小鸡的关系再次被确认。

## 故事中的真与假

吐蕃使者请婚的故事成为传颂千年的藏汉联姻的美好传说，故事当然有夸张的成分。在唐朝的正史文献中没有记载“五试婚使”的故事，然而藏文文献中却出现了不同版本。藏族民间文学演绎的求娶文成公主的过程十分有趣，简直是一场智力与体力的竞赛。那么，“五试婚使”“六试婚使”“七试婚使”的故事是真的吗？

首先，分析一下禄东赞这个人物形象。在很大程度上，禄东赞不是普通人，他智力超群、经验丰富，不仅仅是吐蕃的大论（宰相），还是劳动人民智慧的集中代表。可以看到，上面所说的“五试婚使”“六试婚使”“七试婚使”，任何一个比赛项目都属于劳动人民的老本行。比赛的内容都是日常生活中司空见惯的，与老百姓非常贴近的，但解决的方法又是那么新颖、那么奇妙，既出人意料，又合乎生活的常识与逻辑。如果在实际生活中没有足够丰富的劳动经验，是难以顺利解答唐太宗所出的难题的。一波三折的求婚过程，既淋漓尽致地展现出藏族人民的聪明才智，同时也反映出藏汉人民对和亲的重视。

其次，分析一下请婚使者的故事来源。在藏文文献中，吐蕃请婚的记载最早见于“伏藏”中的《玛尼全集》和《柱下遗教》。“伏藏”，藏语叫“德尔玛”，吐蕃时期有人将一些重要著作埋藏起来，被后世的一些佛教徒发现并整理出来，然后公之于世。因为这些书籍是从埋藏中取出的书，故叫“伏藏”。这两部书中有关唐朝和吐蕃和亲的记载基本相同，其中《柱下遗教》最为详细并且富有文采，《玛尼全集》和《柱下遗教》大约是12世纪前后的作品。

再次，相对于民间的受欢迎程度来说，藏戏《文成公主》的影响更大。藏戏《文成公主》出现于17世纪，是对历史事件的还原，原名《甲莎白莎》，即《汉族公主与尼泊尔公主》，作者无法考证，我个人认为这部戏应该是由民间力量根据历史文献和民间传说不断创新、融合、修改后的结果，使得这部历史剧出自众手，更加受到人民的欢迎。

最后，唐朝与吐蕃和亲的故事也来源于略带官方色彩的两部著作，一部叫作《西藏王统记》，一部叫作《贤者喜宴》，前者作者为萨迦派僧人索南坚赞（1312—1388年），第七世萨迦法王，大约成书于14世纪中晚期；《贤者喜宴》成书于16世纪，记载了藏族历史中松赞干布迎娶文成公主、修建大、小昭寺等传说，甚至还有神话传说。不管是《西藏王统记》《贤者喜宴》，还是藏戏《文成公主》，都有虚构的求婚情节。从史源学的角度来分析，民间力量是参与和亲公主形象创作与再造的主要推动力。求婚的细节增强了和亲联姻的喜剧色彩，而这种“幻中求真”的表达方式，鲜明地体现出藏族文学极富浪漫幻想的民族特色，也反映出人民群众在汉藏友好交往中所起的作用。

比赛招亲后，唐太宗决定将美丽多才的文成公主许嫁于吐蕃首领松赞干布，禄东赞终于完成了迎亲使命。关于禄东赞，汉文史籍中以“禄东赞”“论东赞”“大论东赞”的名字出现，但以禄东赞一名最为人熟知。他是吐蕃历史上著名的政治家、军事家和外交家，曾担任过大论之职。根据史籍记载，禄东赞为人“明毅严重”[1]，当政期间在建立吐蕃政治、经济制度方面颇有建树。

当时还有一个小插曲。据说，唐太宗在比赛招亲中，看到禄东赞聪慧过人、有礼有节，唐太宗非常欣赏禄东赞，将他封为右卫大将军，光封官还不够，唐太宗还打算将琅琊长公主的外孙女段氏嫁给他。这么做是希望禄东赞能够留在唐朝效力。禄东赞明知这是一桩美事，但他却这样禀奏唐太宗：“臣本国有妇，父母所聘，情不忍乖。赞普未谒公主，陪臣安敢辄娶？”[2] 意思是说，皇上您看，我在吐蕃已经娶妻，是父母之命，我来大唐的目的是为我的首领松赞干布请婚，赞普尚未娶得公主，我岂敢擅自娶妻？就这样，禄东赞婉言谢绝了唐太宗的好意。

## 和亲公主的嫁妆

自从答应了吐蕃的求婚，唐朝皇室上下就开始忙活文成公主的嫁妆。既然是大唐嫁女，不管公主是不是皇帝的亲闺女，唐太宗作为一国之君绝对不能含糊，唐朝皇室为文成公主准备了丰厚的嫁妆。嫁妆包括哪些东西呢？

文成公主的嫁妆分为两大部分，一部分是女孩子喜欢的各种细软，包括多种多样的家具器皿、珠宝饰品、绫罗绸缎；另一部分是文化行囊，公主从小识字读书，皇室准备了许多书籍，还有

[1] 《旧唐书》卷196《吐蕃传》。

[2] 同上。

药物、植物的种子，并派侍女25人，以及供公主娱乐的一支乐队，随行的还有众多能工巧匠。

贯，古代的钱的单位，旧时用绳索穿钱，每一千文为一贯。

在文成公主的嫁妆中，有一样东西格外引人注目。公主自小崇信佛教，唐太宗特意陪嫁了一尊铜佛像，这尊铜佛像不是一般的佛像，是宫廷的珍藏。相传，这尊铜佛像来自印度，当年释迦牟尼在世时塑造了三尊佛像，世尊亲自开光加持过，所以尤为珍贵。许多年后，一支外国军队侵入印度，印度国王向唐朝求援，唐朝因为路途遥远并没有派兵，但向印度提供了物质援助，帮助印度国王保住了江山。印度国王感激不尽，便把释迦牟尼12岁的铜佛像赠予唐朝。没想到的是，文成公主把这尊佛像带入吐蕃后，因为供奉地点的问题，引起了小小的纷争，这里先留个悬念。

唐代公主出嫁，需要花费多少钱财呢？《旧唐书·殷侑传》记载，唐代的和亲公主出嫁时，仅婚礼中的礼节费就需要500万贯，什么概念呢？有一个成语，叫“腰缠万贯”，而公主出嫁需要500万贯。唐代几乎所有公主出嫁时，都要带上大批的财物。在和亲过程中，从初期的求婚到最后的公主出嫁，在这一过程中，要经过交纳聘礼、约定婚期、商讨出嫁等许多细节，双方使者往来不断，迎亲队伍人数众多。可以说，围绕着和亲所开展的一系列活动，每一次都不简单，都伴随着规模不小的经济与文化交流。在和亲之后，娶得公主的一方还要有答谢程序、供奉方物及定期汇报公主的生活情况等，这不仅是双方政治与文化的交流，也为少数民族浸染中原文明创造了条件。

自从答应了吐蕃的请婚，唐王朝经过两个多月的准备，在贞观十五年（641 年）一月，一支规模十分可观的送亲队伍整装待发。文成公主自小听闻了许多公主和亲的故事。四年前，自己的远房姑姑衡阳公主远嫁河西走廊的突厥首领，远房姐姐弘化公主刚刚嫁到吐谷浑完婚。姑姑和姐姐的命运就是一面镜子。文成公主深知自己与松赞干布这位异族首领结婚，将会面对什么样的人生。相比而言，自己的使命要比皇姑和皇姐更为神圣！因为在历史上，吐蕃与中原王朝没有过来往，她所要生活的地方是一个完全陌生的国度。和亲可以使两个民族世代友好，双方人民免受战争之苦，文成公主的婚姻既带有政治色彩，也是一项光荣的个人使命。

吐蕃使者请婚的故事成为传颂千年的藏汉联姻的美好传说，故事当然有夸张的成分。在唐朝的正史文献中没有记载“五试婚使”的故事，藏文文献中却出现了不同版本。文学形象与历史形象杂糅在一起，形成了人们心目中的和亲公主形象。

可以设想一下，文成公主从小没有受过苦，生活过得体面而富足。当她获知自己必须要被许配给吐蕃的赞普时，她的心情一定无法平静。她在想，要到那离太阳最近的地方，难免会抑郁思乡！何时才能归来？还能否再见到恩重如山的父母？能否活着回到生她养她的大唐？也许终生不能归宁，也许路途艰辛生死难卜。文成公主对遥远的吐蕃心存疑虑，却也充满了新奇的向往。

从唐王朝的国都长安（今陕西西安）出发，目的地是吐蕃的都城逻些（今西藏拉萨），一路跨越今陕西、甘肃、青海和西藏 4 个省及自治区，全长约 3000 公里，在当时的交通条件下，其难度可想而知！

比文成公主入藏早 12 年的玄奘去印度取经，《西游记》通过艺术手法呈现了师徒四人经历的“九九八十一难”。文成公主入藏同样需要克服无数的艰难险阻，文成公主走的是哪条路线呢？为什么学术界对于文成公主入藏之路仍有未解之谜？沿途她给我们留下了哪些美好传说呢？

第六讲

# 裸婚也快乐

经过一番周折，唐太宗终于同意了松赞干布的请婚，并且开始为文成公主准备嫁妆。唐太宗意识到吐蕃日益强大，只有对吐蕃加强笼络，才能保证西南边陲的稳定，还可以使吐蕃在潜移默化中追慕大唐，听从唐朝的安排。在这样的背景下，文成公主出嫁，实际上是肩负着建立邦交关系的政治任务。

经过两个多月的准备，在贞观十五年（641 年）一月，一支规模可观的送亲队伍整装待发。不过要从唐王朝的国都长安到达吐蕃的都城逻些，这可不是一件容易的事。

护送文成公主的送亲队伍一路上要跨越约 3000 公里的距离，那时候没有飞机，也没有火车，只有马车、牛车、骆驼，而且从关中平原到雪域高原，既有人迹罕至的地方，也要穿过地理和气候环境复杂的屏障。从出发开始，年轻的文成公主已经体会到了任务的艰巨、路程的艰辛。那么，文成公主到底走了一条怎样的路线呢？等待她的又是一场怎样的婚礼呢？

## 送亲的队伍

公主要出嫁，必须有娘家人送亲才显得隆重，这是古往今来的老规矩。文成公主的送亲队伍由她的父亲礼部尚书、江夏郡王李道宗率领。这支队伍除了携带着丰厚的嫁妆外，还带有大量的书籍、乐器等文化用品，绢帛和粮食的种子等；这支队伍的成员有专门服侍文成公主的侍女、文士、乐师以及农技人员，可以说是一支规模不小的“文化访问团”。文成公主肩负着和睦邦交的政治任务，而浩浩荡荡的送亲队伍将协助她完成这项使命。

通过精密筹划，送亲队伍选在了农历的一月份出发。为什么要选在这个天寒地冻的时候出发呢？这是有原因的。因为从长安经甘肃、青海到西藏漫长的路程，沿途要经过很多条湍急的大河，一月气候寒冷，河水结冰或者水流平缓，天寒地冻便于送亲的队伍通过。

经过一个多月的艰苦跋涉，顶风冒雪，文成公主一行终于在春暖花开的时候，到了黄河的发源地——河源（今青海河源）。这里水草茂盛，牛羊成群，一改沿途风沙迷茫的荒凉景象，让人精神为之一振。一路上为地势险恶而忧心忡忡的文成公主，终于可以稍微松一口气，送亲队伍决定在这里短暂休整。史书没有记载他们为什么选择在这里休整，我想之所以停下来是因为面临着现实的困难。从长安到河源，海拔越来越高，文成公主一行要克服高原缺氧带来的身体不适。面对茫茫高山与数不清的河流，到底选择哪条路才能到达逻些呢？文成公主最后选择的是哪条路呢？为什么文成公主进藏的路线存在着学术争议？

当年唐朝的高僧玄奘法师到印度取经，比文成公主入藏早了12年。玄奘所走过的路充满了艰难险阻，人们熟知的《西游记》是明末的文学作品，描绘的是师徒四人历经“九九八十一难”才取得真经。尽管这是后人对文学作品的艺术加工，但从唐朝的长安去往印度的路线，仍然有许多疑问，目前学术界无法解答。

文成公主入藏的路途长度虽然不及玄奘取经，但其难度毫不逊色，要经过吐蕃与吐谷浑的交界地带，大部分属于未开发甚至未知的区域，人迹罕至。再加上当时没有现代的导航设备，人们对地理位置的认知完全是局部的。文成公主从长安到逻些，要翻越终年积雪的高山，经过不见人烟的荒漠戈壁，渡过一条又一条河流，还要防止各种野生动物的侵扰。

文成公主进藏的故事流传千年，汉藏文献中也有各种各样的记录，但文成公主进藏路线多年来始终没有定论，有多种不同的说法。

第一种说法是，经过今天的川藏公路的线路入藏，即从西安出发，经过宝鸡、天水、文县、松潘、金川、丹巴、康定，然后渡过长江，到达玉树藏族自治州，进入西藏，然后到达拉萨。

第二种说法是，文成公主由今天青藏公路的线路入藏，即从西安出发，经西宁、日月山、倒淌河、都兰、格尔木，越过唐古拉山，渡黑河，抵达拉萨。

目前，学术界基本达成共识的路线：文成公主及送亲队伍从西安出发，沿唐蕃大道，从甘、青入藏，经天水、临洮、兰州，入乐都，到西宁、日月山、恰卜恰、温泉、黄河源，越巴颜喀拉山，由清水河镇至玉树，翻越唐古拉山，经那曲入藏。文成公主所走的路有一部分是唐蕃古道，这条古道横贯中国西部，跨越举世闻名的世界屋脊，也有“丝绸南路”的美称。关于雪域高原种种史诗般的传说，都与这条古道有关。

从关中平原到雪域高原，文成公主由长安到达与松赞干布举行婚礼的柏海，经受了十分恶劣的气候考验。柏海即今天的青海鄂陵湖或札陵湖附近，海拔 4000 多米，这一路荒无人烟，有的地方根本没有水喝，只能啃冰块或者吃雪。

唐朝领军大将侯君集在 6 年前（贞观九年，635 年）追击吐谷浑时路过这里，《新唐书》记载：“行空荒二千里，盛夏降霜，乏水草，士糜冰，马秣雪。”他们经过了两千里的空荒地带，这里盛夏时节仍然降下霜雪，没有马和骆驼赖以生存的水草，人只能在冰上走，马必须踏雪才能通过。从吐谷浑到吐蕃的路途，其艰难程度更是有过之而无不及。文成公主一行战胜了这些苦难，在到达柏海之后，文成公主的父亲李道宗感慨地说：“柏海近河源，古未有至者。”[1] 他切身体会到了柏海虽然挨着河源，但从古至今，还没有人来到这里。在唐蕃古道经过的地方，仍然矗立着古人曾经修建的驿站、城池、村舍和古寺，传颂着藏汉人民友好往来的动人传说。

## 沿途的传说

在充满艰险的旅途中，文成公主经受了身体与心理的双重考验，我们从民间传说中可以窥见一斑。在青海流传着一个与文成公主有关的药水神泉的故事。这是怎样的传说呢？

相传，文成公主到了古龙支城，也就是现在的青海省海东市民和回族土族自治县古鄯镇，因为一路车马劳顿，加上翻山越岭，地势越来越高，尤其是日光照射强烈，公主患上了奇怪的皮肤病，身上起了一片片红疹，又疼又痒。御医诊疗后毫无效果，只好请当地郎中诊治。没想到当地的郎中用民间偏方让公主一边服药，一边取七里寺的泉水给公主清洗身上的红疹。不过三天，红疹全部消失，公主美艳如初。公主觉得这事真神奇，重谢了当地郎中，还亲自来到七里寺泉水边，将泉水命名为“药水神泉”。

药水神泉从此名声大噪，人们从四面八方来到泉边，取水祛病。后据考证，文成公主当时得的病应该是初入雪域高原常见的

[1] 《新唐书》卷 221《西域上》。

疾病——日光性皮炎。药水神泉的泉水经过现代医学化验，水中含有对人体有益的微量元素和矿物质，确实有杀菌和治疗皮肤病的功效。

除了药水神泉的故事，在青海还流传着一个日月山与倒淌河的传说。

在青海湟源县西南40公里处，有一座山叫日月山，一条河叫倒淌河，为什么叫这个名字呢？难道这条河的水是倒淌的吗？据说，当年文成公主进入吐蕃时，经过青海的日月山，举目远望，有一条自西向东流淌的河流。想要经过这个地方，文成公主不得不把乘坐的轿子换成马匹。她渐渐地感觉到离家越来越远，亲人的身影越来越模糊，不免伤心落泪。她想起临别时母亲曾经送给她一面镜子，这是一个镶嵌有日月图案的宝镜，母亲嘱咐她说："当你想念亲人时，可从宝镜里看到母亲。"于是，文成公主急忙取出日月宝镜，双手捧着照起来，不照则已，一照反倒吓了一跳。原来文成公主从镜子里看到的并不是母亲，而是自己满脸憔悴、风尘仆仆的样子。她非常伤心，非常生气，把日月宝镜摔在地上。没想到，宝镜一落地，立刻化成一座高山，后人称之为日月山。

日月山恰好挡住了一条自西向东流淌的河流，河水竟然神奇地倒流起来，于是出现了这样一幅景象，"天下江河皆东去，唯有此水向西流"，倒淌河的名字便由此而来。

故事肯定有不少演绎的成分，其实日月山不仅有历史故事，它还有非常重要的地理意义：日月山位于我国季风区与非季风区的分界线上，地处黄土高原与青藏高原的叠合区，也是农耕文明与游牧文明的分界线，这里平均海拔4000米左右。藏语称日月山为"尼玛达哇"，蒙古语称"纳喇萨喇"，都是太阳和月亮的意思。

从日月山和倒淌河的故事中，我们能够感受到文成公主一路上经历的身心考验，历经千辛万苦，文成公主总算来到了遥远的雪域高原，她和松赞干布的婚礼即将举行。等待文成公主的是怎样一场隆重的婚礼呢？多次向大唐请婚的松赞干布终于要迎娶梦寐以求的大唐公主，他又做了哪些准备呢？

## 赞普的亲迎

松赞干布作为吐蕃的赞普，是一国之君，他要迎娶大唐的公主，没有理由不隆重举办。文成公主与松赞干布的婚姻，跨越不同的民族，跨越不同的政权，是不是如梦幻般的奢华呢？

在民间有传说，西藏的布达拉宫是松赞干布为迎娶文成公主而修建的。事实上，当文成公主入藏时，为她专门修建的宫殿还没有开工，松赞干布还没来得及为文成公主准备好婚房。没有房子，有没有车子呢？基于当时西藏复杂的地理环境，交通工具主要是以畜类为主，一般利用牦牛、骆驼、马匹等畜力，史书上未见当时的吐蕃有关用车的记载。直到文成公主去世30年后，唐朝的另外一位公主金城公主入藏时，才有“凿石通车”的典故。

史书记载，松赞干布“筑馆河源王之国，弄赞率兵次柏海亲迎”[1]，这段文献是说，松赞干布亲自率领大队迎亲人马赶到了青海的河源，临时建起了简易的行宫。当听说新娘子马上就要到达

[1] 《新唐山》卷216《吐蕃传》。

柏海时，松赞干布按捺不住激动的心情，早早地率兵在柏海安营扎寨，恭候多时。文成公主一行刚到这里，松赞干布见到大唐使臣江夏郡王李道宗纳头便拜，并行了子婿大礼。

既然文成公主名义上的父亲已经是唐太宗李世民，那么她的亲生父亲李道宗只能以叔父以及唐朝重臣的身份护送。人们常说："女儿是父亲上辈子的情人"，李道宗的心理感受我们完全可以想象，既有皇帝的嘱托与使命在身，又有非常难舍的父女亲情。在河源，松赞干布举行了简朴的迎亲仪式，全城的民众都为他们的赞普和文成公主歌舞庆贺。

松赞干布亲自到柏海迎接，显示出他十足的诚意。这次迎亲仪式意味着文成公主和松赞干布的结婚仪式，按照一般的理解，大唐公主的地位应该是皇后。之所以没有选在都城逻些举行婚礼，除了松赞干布还没有来得及为文成公主专门修建宫殿之外，还有一个原因。松赞干布已经娶了尼婆罗王的女儿尺尊公主。同时拥有两位女人，那么如何来安排她们的身份？谁为第一、谁为第二呢？文成公主从关中平原到雪域高原，跨越 3000 多公里漫漫长路，终于和吐蕃最勇猛英武的男人松赞干布结为夫妇，等待文成公主的是什么样的生活？这毕竟是一场政治婚姻，她会幸福吗？她的到来，将给吐蕃带来什么？又将对大唐和吐蕃的关系带来哪些影响呢？

婚礼之后，松赞干布已认定把大唐作为吐蕃的上国。他乐不可支地对部属说："我族我父，从未有通婚上国的先例，我今天得到了大唐的公主为妻，实为有幸，我要为公主修筑一座华丽的宫殿，以留示后代。"于是，在文成公主到达逻些之后，松赞干布按照唐朝的建筑风格，修建了城墙和宫殿。

文成公主的婚礼是非常简单的，没有人们想象中的奢华，也没有电视剧里所表现的那么盛大。历史的真相和人们的想象形成了极大的反差，在文成公主与松赞干布完婚一年后，布达拉宫的修建工程才告完成。松赞干布和文成公主在河源结婚，按理说两个年轻人新婚大喜，应该情意缠绵好一阵子，可是婚礼一结束，松赞干布却抛下新娘子，快马加鞭、急匆匆地赶回逻些去了，这是为什么呢?

原来恰好在这时，吐蕃内部发生了松赞干布和他弟弟赞松的矛盾，导致弟弟从逻些负气出走。赞普兄弟的失和，当然不仅仅是个人恩怨，很可能是支持他们的两派势力在斗争。在这火急火燎的时刻，松赞干布只能强忍着心中的怒火，决定先完成婚礼再说。婚礼一结束，松赞干布不得不抛下新娘子，快马加鞭、急匆匆地赶回逻些处理军政要务。文成公主刚见了新郎官一面，很可能连新郎官长什么样都还没记清，新郎官就要离开，心里难免会失落。在松赞干布离开之后，文成公主一行继续从河源出发，经过长途跋涉到达了吐蕃的都城逻些。

文成公主嫁给松赞干布的消息很快传遍了吐蕃，吐蕃人民在很多地方都准备了马匹、牦牛、食物和饮水，准备隆重迎接唐朝公主的到来。藏文典籍《贤者喜宴》记载，松赞干布登临欢庆的宝座，为文成公主加冕。至于松赞干布有没有封文成公主为王后，学术界一直以来存在争议。

众所周知，松赞干布娶文成公主时并不是单身，他已经娶了尼泊尔的尺尊公主，文成公主进藏之后，谁的地位在前，谁的地位在后，这是个问题。文成公主嫁到吐蕃后，吐蕃的臣民尊称她为甲木萨，藏语中“甲”的意思是“汉”，“木”的意思是“女”，“萨”的意思为妻子或妃子，文成公主藏语名字的意思是“汉族来的妻子或妃子”。

有学者考证，文成公主是松赞干布众多的女人中唯一获得“赞蒙”称号的女人，“赞蒙”表示王后。不过，也有学者认为“赞蒙”的藏文意思为赞普妃。唐朝人将“赞蒙”翻译为“朱蒙”，后来又误记为“末蒙”。在藏族历史中，凡是赞普的王妃皆可称为赞蒙，没有专属之说。正是因为民族语言翻译的问题，“萨”对应的词义既有“妻子”又有“妃子”，这导致了学术界对文成公主到底有没有正式册封而产生争论。

文成公主是不是松赞干布的正妻，这已经不重要了，因为唐朝封松赞干布为驸马都尉、西海郡王，后来唐太宗驾崩，松赞干布又被唐高宗封为“宾王”，这些均是从中央政府的官僚体系中正式承认了松赞干布女婿的身份。那么，文成公主即将在吐蕃开始什么样的生活？她要如何完成自己肩负的和亲任务呢？

第七讲

# 等同十万雄兵的婚姻

641 年，文成公主奉唐太宗之命远嫁吐蕃，履行大唐与吐蕃达成的和亲之约，在历尽艰难之后，文成公主终于入藏与松赞干布结成连理。吐蕃地处青藏高原，是传统的藏族地区，很多方面与中原的大唐大相径庭，发展程度也远远落后于大唐，那么，这桩两国之间的联姻，能否给吐蕃的发展带来改变呢？大唐派去的农技人员怎样让吐蕃人眼界大开？又有哪些吐蕃习俗传入中原呢？正处于鼎盛时期的唐朝，有着当时最为先进的政治制度和社会管理模式，松赞干布全面学习大唐，又给吐蕃的政治和经济带来哪些改变呢？为什么吐蕃的子民称呼文成公主为汉族来的女神仙？一个女人何德何能收获了跨越几个世纪的赞誉呢？

## 公主带来的“大唐之风”

文成公主入藏，悄然刮起了一阵“大唐之风”。后来，文成公主的功绩不断被民歌、藏戏等文学作品所歌颂。《新唐书·吐蕃传》记载：“见中国服饰之美，缩缩愧沮。”松赞干布刚见到文成公主时，就被她身穿华服、端庄秀雅的样子所吸引。大唐公主的雍容气度让松赞干布自惭形秽，对这位来自大唐的妃子，松赞干布自然是非常喜欢。

松赞干布和文成公主结婚之后不久，一座美轮美奂的宫殿在逻些建造落成，这就是布达拉宫。当年的布达拉宫宏伟华丽，亭台楼阁精美雅致，还开凿了碧波荡漾的池塘，种上了各种花木。布达拉宫模仿大唐宫苑的样子，用来安顿文成公主，慰藉她的思乡之情。我们现在看到的布达拉宫是清朝年间重新修建的。

文成公主从大唐千里迢迢来到吐蕃，生活环境可以说是发生了翻天覆地的变化。在到达吐蕃之后，文成公主并没有一味地“入乡随俗”，而是针对吐蕃社会中一些落后的生活习惯，大胆又得体地提出自己的看法。那么松赞干布采纳了文成公主的建议了吗？文成公主入藏后，给吐蕃传统服饰带来哪些改变，又有哪些吐蕃风俗传入长安，影响到当时女性的妆容呢？

文成公主来到吐蕃之后，刚开始很不习惯，她看到吐蕃人有一种特殊的化妆方式，这种化妆方式每天要用赭色土制成粉末涂敷在面颊之上，叫做“赭面”。《新唐书·吐蕃传》：“（吐蕃）衣率毡韦，以赭涂面为好……公主恶国人赭面，弄赞下令国中禁之。”这样做的样子不太好看，也不舒服，据说能辟邪，因为这是传统习俗，大多数吐蕃人照章行事。

文成公主认为这是一项陋习，所以她委婉地向松赞干布提出了自己的看法。松赞干布听了之后，觉得文成公主的分析很有道理，也许是为了讨文成公主的欢心，松赞干布立即下令废除这项习俗，史书上用了6个字“国中权且罢之”。

刚开始一些念旧的吐蕃人还不适应，但慢慢地体会到保持本来的面目，天天素颜，既方便又好看，大家乐意接受，也很感激文成公主为他们破除了陈规陋习。中国有句俗语叫“墙内开花墙外香”，令人意想不到的是，吐蕃人“赭面”这种化妆技术传入中原后，反而受到唐朝女子的欢迎与追捧。唐代大诗人白居易生活在中晚唐时期，他有一首诗叫《时世妆》，提到了三条与文成公主有关的改变，一是赭面，二是堆髻，三是八字眉。

第一，赭面。白居易诗中写道：“乌膏注唇唇似泥，双眉画作八字低。”其中，“乌膏注唇”的做法跟吐蕃有关，化完之后嘴唇发黑，什么效果呢？“妆成尽似含悲啼”，就像含有悲情一样。诗中还写到“妍媸黑白失本态”，化妆主要用黑白两色，已经完全看不出原来的样子。“斜红不晕赭面妆”，粉底用色彩较暗的赭面，但两颊绯红，脸上的化妆效果十分美观。

第二，堆髻。白居易的诗中写到“圆鬟无鬓堆髻样”，这里提到了“堆髻”，把头发拢起然后堆在头部的正上方。考古发掘出的唐代女俑就有大量梳妆成“堆髻”的模样。

第三，八字眉。大家如果看过冯小刚导演的《夜宴》，就一定记得章子怡在电影中的眉型是八字眉。《夜宴》反映的是晚唐五代时期的事情，女主角之所以化成这样的眉形，是有历史依据的。白居易写道：“双眉画作八字低。”眉毛就像一个倒写的八字，在当时的审美理念中，八字眉就是最美的眉型。

这样的化妆方式来自哪里呢？白居易在《时世妆》这首诗中写道：“元和妆梳君记取，髻堆面赭非华风。”明确说出了这不是“华风”，不是中原的风格！有趣的是，唐代长安一带的妇女学习吐蕃妇女的梳妆打扮，正是之前松赞干布所禁止的装扮。唐代诗人陈陶在《陇西行》一诗中夸赞文成公主，“自从贵主和亲后，一半胡风似汉家”。这里的贵主指的正是文成公主。

不仅在化妆方面，文成公主对吐蕃服饰的改变也不小。吐蕃所处的地区属于高原地区，这里夏天热、冬天寒、风沙很大，藏族的服饰以皮质袍衣为主，袖口宽敞，防风耐磨。虽然注重了实用性，但在美观方面需要提升。文成公主曾帮助吐蕃妇女提高纺织技术，特别是在染色和图案方面，使得吐蕃逐渐有了自制的丝织品，光泽细柔，花色浓艳。中原的丝绸在吐蕃广大地区很受欢迎，在最初传入时只有上层人士才能有机会享有，松赞干布本人非常喜欢，史书记载他模仿唐朝人的装扮，“释毡裘，袭纨绮，渐慕华风”。松赞干布还曾向唐朝学习了蚕种与桑树的培植技术，但由于气候、土壤等客观因素而没有培育成功。

松赞干布为了能够与文成公主有更多的共同语言，他脱下穿惯了的皮质袍衣，换上文成公主亲手为他缝制的丝质唐装，还努力地向文成公主学习汉语。生长于雪域高原的吐蕃国王深切体会到汉族女性的修养与温情。文成公主并不是那种有权势欲望的女人，她没有参与治国，也从未要求松赞干布给自己一官半职。对于吐蕃的重大政治决策，文成公主也只是提出自己的看法，并不强行干涉，所以松赞干布和大臣们对她非常尊敬，经常向她讨教，作为参考。文成公主对吐蕃的影响不仅在衣食住行方面，在宗教信仰、建筑、艺术、历法、制度等更多方面，文成公主带来了“东方神韵”。

从早期入藏时对吐蕃百姓生活起居方面的影响，再慢慢到文化和生产技术方面的创新，文成公主给吐蕃社会带来的影响是逐步深入的。随着时间的推移，大唐先进的文化和技术在吐蕃逐渐落地生根，并且呈现出水乳交融的良好发展态势，吐蕃社会的很多方面由此发生了革命性的改变，那么吐蕃具体发生了哪些变化呢？

文成公主从小生活在大唐盛世，当时整个社会崇信佛教，文成公主耳濡目染成了虔诚的佛教徒。文成公主出嫁时，带去了大量经文，还有皇室珍藏的一尊释迦牟尼 12 岁等身佛像。

据说，文成公主亲自参与了小昭寺的修建。在小昭寺修建初期，修建工作并不顺利，于是各种流言蜚语在民间出现，说小昭寺触犯鬼怪神灵，弄得人心惶惶，文成公主使用中原的占卜术，巧妙地化解了困境。小昭寺在文成公主指导下建成，具有浓郁的汉族特色。也许这个传说有夸张的成分，但是文成公主带来的唐朝工匠应该参与了小昭寺的建设。小昭寺引进了中原的建筑理念，小昭寺建成后，文成公主将带来的释迦牟尼12岁等身佛像供奉在这里。

文成公主来到吐蕃生活逐渐安定以后，随行的汉族乐师们开始履行职责，他们为松赞干布和文成公主演奏唐宫最流行的音乐，松赞干布大有“如闻仙音”的感觉。文成公主带给了吐蕃汉族音乐，汉族的音乐渐渐传遍了吐蕃，后人把文成公主比作绿度母（藏传佛教中观世音菩萨的化身），还编排出了群众喜闻乐见的藏戏《文成公主》。

跟随文成公主入藏的文士也没闲着，记录了松赞干布与大臣之间的重要谈话，帮助整理了吐蕃的历史文献，这使吐蕃的政治走出了原始性，走向正规化。松赞干布欣喜不已，命令大臣与贵族子弟拜汉族文士为师，学习汉族文化，研读他们带来的诗书；后来，松赞干布还派遣了一批贵族子弟，千里跋涉，远赴长安求学。

## 双方的文化交流

文成公主和松赞干布为了政权利益而结合，成就了一段千古美谈，他们的结合不仅达到了两个政权邦交睦邻的外交效果，也促成了经济文化的交流。发展相对落后的吐蕃从强盛的大唐获益匪浅，极大地助推了吐蕃的发展，那么文成公主入藏所带来的一系列变化究竟给吐蕃的政权建设带来了什么样的积极作用呢？我们又该如何评价文成公主入藏所作出的贡献呢?

当然，文化的交流不可能是单方面的，吐蕃人喜欢打马球，而且技艺高超。马球，是一种古老的运动，骑手骑在马上，持棍击球，古代称“击鞠”。唐代的章怀太子墓中发现了一幅壁画《马球图》，这幅壁画中有唐代马球运动的精彩场景。

说到打马球，那可是吐蕃人的强项。史书记载，唐太宗曾经对侍臣说:“闻西蕃人好为打球，比亦令习。”[1] 什么意思呢？当时吐蕃的球员球技高超，球队中有不少高手，唐朝为了学习，专门组织与吐蕃的马球比赛，把比赛当作提高技术、以球会友的手段。松赞干布还把缠绕金线的“金球”作为礼物赠送给唐朝。除了马球，吐蕃的香料、藏药等也传入内地，对我国古代的医学发展影响深远。

藏文文献详细记载了文成公主的嫁妆，据《吐蕃王朝世系明鉴》记载，嫁妆包括释迦佛像，珍宝，金玉书橱，360 卷经典，各种金玉饰物，多种烹饪食物，各种花纹图案的锦缎垫被，卜筮经典 300 种，识别善恶的明鉴、营造与工技著作 60 种，100 种治病药方，医学论著 4 种，诊断法 5 种，医疗器械 6 种；还携带了各种谷物以及芜菁的种子等。

文成公主到来之前，吐蕃的发展相比于中原要落后，吐蕃居于地势较高的地区，物产并不丰富。乌海之南，盛夏积雪。吐蕃人随水草而牧，寒冬则搭帐篷而居，器物用品远不及中原地区，甚至在餐具与饮食器皿等方面还比较原始。《旧唐书·吐蕃传》中记载，吐蕃人“接手饮酒，以毡为盘，捻铤为碗”，生活器皿多用弯木而成，皮革作底，或用毡做盘，用炒面捏成碗，装上羹

[1] 封演:《封氏闻见记》卷 6。

和奶酪连同碗一起吃掉，酒浆用手直接捧饮。

吐蕃以游牧经济为主，有的地区还处于靠天吃饭的阶段，农业种植技术相对落后，而游牧经济最大的弱点在于它的不稳定性和对于自然气候的高度依赖性。这也是为什么游牧民族惯于在秋后丰收时节掠夺中原的原因。当时，唐朝还在边境专门设立了一支军事力量，取名为“防秋兵”，主要目的是防止吐蕃秋后趁着中原地区丰收时节来掠夺农产品。在文成公主的影响下，吐蕃的一些地区开始实行双牛耦耕。什么是双牛耦耕呢？唐代诗人王建在《凉州行》一诗中提到：“蕃人旧日不耕犁，相学如今种禾黍。”意思是说，吐蕃人以前不太懂得耕犁技术，如今学习中原的方法来种植禾黍。

在松赞干布和文成公主的授意下，唐朝派来的农技人员有计划地向吐蕃人传授农业技术，使他们在游牧之余，还能收获大量的粮食。种子和技术引入后，还需要进行有效的施肥、管理才能实现收益最大化，等到了收获的季节，高产的庄稼让吐蕃人大开眼界，不得不佩服中原高超的种植技术。吐蕃学到了唐朝在农业上的防旱、排涝等措施，还仿照唐朝的均田制，把部分土地和牲畜分配给农民；把农田和牧场分开，使得牧业和农业双丰收。

不过，我们必须承认，歌谣与传说中所说的青稞等粮食种子和牛羊等牲畜养殖，并不是文成公主的功劳。青稞在藏族地区早有种植，歌谣中提到的小麦、豌豆、使用水磨、养羊等技术均由文成公主及带去的工匠传入，也是缺乏准确度的。考古人员在西藏拉孜县曲玛乡发现了3200年前的青稞化石，再说青稞是高原耐寒作物，从中原传来明显不合常理。实际情况是，吐蕃人已经懂得了种植青稞、荞麦之类的作物，但因不善管理，所以产量极低。

## 歌谣与真实

歌谣与传说具有一定的艺术性和真实性，但也有夸大与神化的成分。从这些史籍与传说中，不难看出文成公主带给了西藏不少汉族农牧业方面的先进技术和方法，也能反映出当地人民对于松赞干布和文成公主和亲的欢迎态度。

文成公主凭着自己的知识和见地，细心体察吐蕃的民情，然后提出各种合情合理的建议，协助丈夫松赞干布治理这个地域广阔、民风古朴的地方。文成公主对于吐蕃的贡献远不止这些，“文化是软实力”，在更深远的层次上，她带来了先进的制度与文化。在政治制度与经济制度方面，吐蕃无不全面学习唐朝。

在政治制度方面。唐朝的政治制度和社会管理模式在当时是最先进的，这引起了松赞干布的极大兴趣，他仿照唐朝各级官衔及其职权制定了吐蕃的官位。比如，吐蕃设立了执掌司法事务的官员，相当于唐朝的刑部尚书；吐蕃的军事制度，也类似于唐代的军事制度府兵制；吐蕃还仿照唐朝皇帝的年号制定了自己的年号。这些措施对于巩固政权、完善制度以及维护社会稳定起到了明显的作用。

在经济制度方面。松赞干布向唐朝学习并颁布了一系列政策。比如，推行土地制度均田制、登记人数和耕地面积、把土地分给人民、固定赋税税额、开垦荒地、合理安排生产畜牧等。同时，为方便贸易发展，还统一了度量衡。

文成公主进藏后，在唐蕃古道上，吐蕃迎来了一波又一波的客商和使臣，巨大的经济效益也随之而来。史书用 16 个字来形容当时的交流盛况：“金玉绮绣，问遗往来，道路相望，欢好不绝。”据统计，从文成公主和亲到吐蕃灭亡的 200 多年时间内，唐蕃之间使臣来往多达 200 余次，既是唐蕃双方关系密切的证明，同时也体现了交通的发展变化。从吐蕃时期的碑铭、木简、文书、经卷等历史资料来看，文成公主入藏后，中原地区先进的生产技术持续传播到吐蕃。一方面，推动了唐蕃之间友好往来，对于边疆地区的局势稳定有辅助作用；另一方面，促进了吐蕃社会的发展及共同繁荣。这也是为什么松赞干布煞费苦心迎娶大唐的公主的原因！从这个角度来说，松赞干布娶了一位唐朝的公主，不仅仅是一场婚姻，而是非常有眼光的智慧之举。

松赞干布与文成公主结婚后，对唐朝怀有友好的感情。有一年，唐朝大臣王玄策率领 30 余人出使西域，不料途中被中天竺国抄没，全部被擒，只有王玄策一人成功逃脱，好不容易潜入吐蕃。松赞干布派出千余人归王玄策指挥，吐蕃发兵大破中天竺国，顺利返回。

松赞干布与文成公主的婚姻被誉为“等同于十万雄兵的婚姻”。对于唐朝来说，与吐蕃和亲，以一位公主的出嫁换来了西南边疆的安全。对于吐蕃王朝来说，在政治上，可以获得大唐帝国的认同，提高自己的政治地位；在经济上，可以获得丰厚的赏赐，引进中原的先进技术，与中原开展了互市贸易，获取了实实在在的好处。在短短的时间内，吐蕃发生了翻天覆地的变化。从这两个方面讲，文成公主入藏之后，出色地完成了自己的和亲任务，但是对于文成公主个人来说，这毕竟是一场政治婚姻，她婚后的生活过得幸福如意吗？史书不会关注这些细节，但是我们仍能找到一些线索还原文成公主在吐蕃的生活。

650年，在文成公主和松赞干布结婚九年后，松赞干布英年早逝，年仅34岁就撒手人寰。而事实上，文成公主与松赞干布生活的9年中，在一起的时间只有3年。这是为什么呢？松赞干布去世之后，文成公主该如何面对今后的生活呢？跨越千年之后，我们如何理解文成公主的情与爱呢？

第八讲

# 文成公主的情与爱

文成公主来到吐蕃之后，给吐蕃带来了翻天覆地的变化，不仅在衣食住行方面，还在宗教信仰、建筑、艺术、历法、制度等方面影响巨大，大唐和吐蕃的关系也有了明显改善。和亲，无论是对大唐还是吐蕃，无疑算是正确选择。那么，文成公主进藏后真实的婚姻生活是什么样呢？

根据藏文文献的记载，松赞干布与赞蒙文成公主两人结婚 9 年，在一起的时间不过 3 年，松赞干布有 6 年的时间基本上不与文成公主共同生活，这是为什么呢？文成公主和松赞干布结婚 9 年后，34 岁的松赞干布英年早逝，年轻的文成公主如何继续她在吐蕃的生活呢？吐蕃与唐的关系有没有发生变化呢？

## 婚姻之冷暖

文成公主初到吐蕃时，由于环境陌生、语言不通，她感到很不习惯，生活的不适难免造成情感的失落，再加上这时有小人故意刁难，这一切让文成公主心灰意冷、倍感悔恨，她甚至一度产生了回到长安的想法。可是，和亲非同儿戏，长安不是说回就能回的。与其抱怨或绝望，还不如主动适应。

文成公主的丈夫是吐蕃第 33 位赞普，能够陪伴这样一位杰出的男人，文成公主一定会感到骄傲。松赞干布是西藏历史上最重要、最广为人知的人物之一。他实现了青藏高原的统一，正式建立了吐蕃王朝。藏族人民历来十分尊敬松赞干布，不仅把他当作观世音的化身，也把他视为有口皆碑的“三大法王”之一。文成公主没有理由不为自己的丈夫感到骄傲!

按理说，嫁给松赞干布这样一位建立了文治武功的赞普，是令文成公主欣慰的事情，但作为远嫁异域的女子，文成公主的一生也有不幸的一面。

松赞干布为巩固政权，先与尼婆罗联姻，又和唐王朝联姻，分别迎娶了尺尊公主和文成公主。从这个角度来说，松赞干布和文成公主的婚姻是政治婚姻。选择什么样的男人，就要承受什么样的日子！据说，松赞干布共有 6 位有名分的女人，还有无数没有名分的伴侣。女人对于婚姻的感受大多来自丈夫的疼爱，可以想象松赞干布又能顾及文成公主多少呢?

根据藏文文献《敦煌本吐蕃历史文书》记载，文成公主和松赞干布结婚 9 年，在一起的时间不过 3 年，他们有 6 年的时间没有生活在一起。不过，这也不难理解：吐蕃是新兴王朝，松赞干布内外事务非常繁忙。在此之前，松赞干布忙于建立王朝的各种行政制度，出兵尼婆罗，征服象雄等地。从 641 年文成公主入藏后，到松赞干布去世时的 650 年，一共 9 年的时间内，作为一个军政事务缠身的赞普，能与文成公主共同生活 3 年，也不算短，他们在拉萨帕邦喀宫室、山南昌珠寺等共同生活，位于拉萨的大昭寺、小昭寺也都承载了他们的故事。

有人说，文成公主嫁给松赞干布，显然谈不上受宠，即使是在随嫁的 3 年中，在一夫多妻的制度下，文成公主注定要经历凄苦的一生。恐怕爱情和甜蜜曾经降临过，但不久却悄悄飘远。

藏族的文学作品中记有传言，文成公主曾经受到尺尊公主的虐待。在吐蕃《王朝世袭明鉴》(又名《西藏王统记》)一书中，记载了一段文成公主抵达吐蕃后的遭遇，尺尊公主曾经大发淫威，对文成公主宣称:“我乃先事王，正室大为尊！”意思很明确：是我先来侍奉赞普的，我是正室，正室为王后，而你是偏室，偏室应该像奴婢一样。尺尊公主还得理不饶人，不让下人侍奉文成公主达几个月之久。文成公主心中实在难受，叫来迎娶自己的使者禄东赞，文成公主质问禄东赞怎么会这样！禄东赞却回答说："我实在无力奉送饮食，亦无力谒见赞普，凡事皆由尺尊公主做主，还是您自行跟她沟通更为妥当。"说完便悄悄离开。文成公主一看禄东赞不管，只好自己与尺尊公主进行了一番周旋，她据理力争，松赞干布果然来了，来到他和文成公主的"欢宴之所"，与文成公主见面。从这段故事来看，文成公主是个聪明而坚忍的女子。

传言也罢，事实也罢，从这些记载中可以看出，尽管文成公主贵为大唐太宗的公主，代表了大唐帝国的脸面，可在尺尊公主眼中，这是分走丈夫宠爱的女人。倔强的文成公主还是经受住了考验，以她的坚韧和智慧化解了尴尬的处境。

文成公主以款款深情对待自己的丈夫，以博大的胸怀对待吐蕃的子民。从文成公主没有生孩子来看，或许在这 9 年中，文成公主的生活也许并不如意，冷暖自知。

## 守寡之余生

在松赞干布的众多伴侣中，文成公主未必居前，与正室尼泊尔的尺尊公主地位相差较大。当我们翻阅吐蕃文献时，会发现松赞干布的丰功伟绩记载详尽，却很少提到文成公主。不管松赞干布和文成公主的感情如何，自从他们结婚之后，唐朝与吐蕃之间一直保持密切来往的友好关系。

有一次，唐太宗征伐辽东回来，松赞干布特意派禄东赞送来金鹅一只，这只金鹅高七尺，内可装酒三斛。从这个小细节中，我们能感受到文成公主这样一位弱女子用自己的感情和婚姻，换取了两个政权之间的和平。

650 年，年仅 34 岁的松赞干布撒手人寰，文成公主永失挚爱！据藏文版的吐蕃大事写卷，松赞干布死于唐高宗永徽元年（650 年，藏文文献记作 649 年），他在赞普位上二十余年。松赞干布英年早逝后，由他的孙子继位赞普。

松赞干布去世的消息传到唐朝，唐高宗特意在长安城光化门举行哀悼仪式，并派遣右武侯将军鲜于臣济前往吐蕃吊祭。在吐蕃方面，有人却主张文成公主应该殉葬而亡，但公主身边的人据理力争，说殉葬并非汉族的风俗，再加上公主没有子嗣，可以免予殉葬。

从此之后，孤苦伶仃的文成公主黯然神伤，不得不离开了逻些，回到了松赞干布的诞生地山南地区。松赞干布去世时，文成公主还很年轻，孤立无援，丧夫之痛让她难以自拔。远在异域他乡，文成公主该怎样面对今后的生活？

冰冷的史书当然不会关注个人的情感，但是我们能够想象一个女人所要承受的丧夫之痛，丧失所有依靠，还有被打入深渊的悲伤。每当夜深人静的时候，文成公主难免思念故土、思念亲人。在雪域高原的 40 年间，她度过了无数个泪湿衣衫的不眠夜。她常常想起美丽富饶的大唐帝国，常常想起英雄般的太宗皇帝，更思念多年未见、生死未卜的父母，想念手足情深的兄弟姐妹。考虑到唐朝与吐蕃之间的关系，考虑到当时的交通条件，文成公主不可能回到大唐，客观现实也不允许她有这样任性的想法。文成公主回到了松赞干布的诞生地山南地区，在那里孤零零地度过了 31 年。文成公主的一生，在遥远的雪域高原生活了 40 年，大半的青春韶华也埋没在了这里，直至 680 年溘然长逝。

在中原的史书上，文成公主连个名字都没有留下，皇家所撰写的人物传记中，有关文成公主的部分仅仅几句话，而在雪域高原，文成公主的故事家喻户晓。她的爱情，她的柔情，她的奉献，她的一生，早已融入千年不化的冰川……

## 公主之死因

在松赞干布去世 31 年后，文成公主走完了自己孤独的余生。《新唐书》记载：“永隆元年（680 年），文成公主薨，遣使者吊祠。”当获知文成公主去世的消息后，文成公主的娘家人唐朝政府派人前来吊祭。《敦煌本吐蕃历史文书》记载：“及至羊年（683 年）冬，祭祀赞蒙文臣公主。”可见，文成公主的去世，受到了唐王朝和吐蕃双方的重视，唐蕃双方均举办了高规格的祭奠活动。那么，文成公主是什么原因去世的呢？

有学者依据古藏文文献的记载，认为文成公主去世是因为罹患黑痘。黑痘是一种什么病呢？这是一种非常严重的瘟疫，《鲁滨逊漂流记》中也曾提到这种病，有一位船长得了这种病，考虑到这种病的严重传染性，恐怕自己没法顺利到岸，也担心传染给同船的人，于是勇敢跳海了。文成公主在吐蕃传播佛教的过程中，接纳于阗的僧人到吐蕃，据说黑痘病症就是比丘众僧来到吐蕃时所带来的。这些记载还透露出一个信息，在松赞干布去世后的 12 年内，文成公主建立寺院，持重护法，在僧俗之间仍然有很高的威望和影响力。

文成公主与松赞干布之间的婚姻成为汉藏友好交往的佳话，她本人也成为和亲公主的代名词，在中国历史上为数众多的和亲公主队伍中，文成公主是最为著名的一位，成为标杆式的人物。至今，拉萨仍保存着纪念文成公主的塑像，布达拉宫展示有文成公主与松赞干布结婚的洞房遗址，大昭寺里还供奉着她的雕像。

历史往往是人们茶余饭后的谈资，有关文成公主和亲的话题也不例外。对于文成公主远赴吐蕃和亲，大部分的人持肯定态度，当然也有负面的评价，主要有如下两种：

第一，有人批评唐太宗和亲的做法，说他是用“女人和财物换取和平”。文成公主的嫁妆异常丰厚，不仅有大量财物，还带着大批工匠，给吐蕃送去了先进的农业、手工业生产技术，但据敦煌文书的记载来看，也有吐蕃人把她视作唐朝畏惧吐蕃兵威而祈求和平的贡品。这位来自唐朝的女子不过是一个充斥着政治因素的符号。

第二，有人从现代社会的观念出发，认为松赞干布为来自尼泊尔的尺尊公主不惜耗费巨资修建大昭寺，将尺尊公主带来的释迦牟尼 8 岁等身像供奉其中；来自大唐的文成公主虽然带着佛家至宝释迦牟尼 12 岁等身像，却只修一座规模远逊大昭寺的小昭寺来安置。大昭寺和小昭寺的规模差距较大，自然可以看出尺尊公主与文成公主地位之高下。直到后来金城公主入藏，为吐蕃赞普的正妻，才将两座佛像互换过来。

其实，历史的真相只有一个，我们后人只能根据零星的记载来捕风捉影。至于文成公主与松赞干布的感情，我们既难以证明其是，也难以证明其非。文成公主在松赞干布早逝后，只身回到山南，孤独中度过了余生，她应该是怀念最初到达吐蕃时与松赞干布温存过的浪漫与美好。文成公主又是如何把超越时空的爱恋渗入岁月的流水？千年之后，我们如何理解文成公主的情与爱呢？

文成公主的婚姻换来了西部边境的暂时和平，却只能让吐蕃满足于一时。由于吐蕃本身处于上升阶段，又得到唐朝的帮助，实力逐年增强，而唐朝军队的战斗力却随着开国兵锋的迟钝而大幅衰退。如果说当初松州之战双方势均力敌、各有所顾忌的话，随着时间流逝，吐蕃军队的战斗力已悄然凌驾于唐朝之上，对大唐充满觊觎之心。

662 年，新即位的吐蕃赞普芒松芒赞对击败唐帝国已经信心满满，于是在和亲 22 年之后，文成公主尚在世之时，开始与唐朝频频发生边境摩擦。663 年，吐蕃将大唐的属国吐谷浑灭国。这样做，严重损害了唐朝的核心利益，唐朝和吐蕃从此便在西域、河陇一带展开激烈的战略争夺。

永徽元年（650 年），松赞干布去世，松赞干布结束了青藏高原上各势力分散的局面，促进了吐蕃社会政治、经济、文化的发展，他与文成公主的婚姻开启了唐朝与吐蕃交往的先河，破除了双方不信任的坚冰。但是，松赞干布去世后，由于他的儿子早亡，由他的孙子继位，大相禄东赞继续辅佐朝政。禄东赞是迎娶文成公主入藏的使臣，他继承松赞干布的方针，完善法律，清查户籍，确定税赋，安定吐蕃内部。禄东赞利用吐谷浑王室的内争，多次带兵攻击吐谷浑，在文成公主尚在世的时候，竟然与支持吐谷浑的唐朝发生了严重冲突，史称大非川战役。

大非川战役中唐军败绩，唐朝遭遇了立国以来最大的军事失败。大唐军队战无不胜的神话被吐蕃终结，这直接影响到西域各个政权对唐政府的依附程度。

从此之后，吐蕃牢固控制了青海湖地区，并进一步与唐朝争夺陇右地区与河西走廊，吐蕃取得了对丝绸之路的控制权。大非川战役之后，吐蕃暂时停止了大规模武装扩张，改用蚕食战略。针对这种局面，唐政府曾多次出兵干预，双方再次进入了摩擦不断的相持阶段。不得不让人感叹，昭君入塞给汉朝带来了六十多年的和平时间，文成公主却只能保持两个民族和平相处 22 年，这不能怪文成公主这位弱女子，她已经尽了全部的心力……

如今的历史读物每每提到唐朝与吐蕃，往往率先谈起的就是文成公主和亲一事。有人说，这些读物不尊重历史史实，片面强调文成公主与松赞干布的婚姻是等同于十万雄兵的婚姻，对唐朝与吐蕃之间百余年的战争却视而不见。唐朝和亲打着“扶助边邻”的旗号，却对文成公主尚在世时，吐蕃大规模举兵进攻唐朝一事讳莫如深，似乎本次和亲是唐朝出于博爱精神，积极主动地扶助周边弱国，搞了一次文化输出。

有人评论这段历史，认为唐太宗为了讨好吐蕃，充实了文成公主的随行队伍，送出了中原的技术人才和大量物资，给吐蕃带去了医药、营造、工技、农桑等多种技艺，这一举动不啻养虎遗患，吐蕃变得更为富强，迅速成为西陲霸主。吐蕃的野心也随着实力提高而滋生，后来更是连年攻打大唐，使得唐帝国一百多年缓不过劲儿来。

我们来分析一下说出这种言论的出发点，能说出这番话的人是有“民族情感”的，但是他眼中的民族是狭隘的大汉民族，所站的立场是大唐的立场上。这样做并不妥当！传统的文献记载有它固有的出发点，在史料的选择上是有拣选的，也是有明显的情感倾向的。从现在的观念来看，民族无贵贱等差之分，不管汉族也好，藏族也好，都是中国的民族。当我们现在回望过去的历史，不应该站在某个单一民族的立场进行评论，而应该还原真实，客观地看待历史上民族交往的往事。

文成公主去世 30 年后，吐蕃再一次与唐朝和亲，吐蕃的赞普迎娶大唐的金城公主。可是，在文成公主去世与金城公主入藏之间的 30 年内，吐蕃和唐朝之间发生过一些摩擦，有战争、有伤亡、有谈判、有妥协。为什么皇帝的养女金城公主再次踏上和亲之路？金城公主能够换来新的和平吗？她又带给我们怎样的故事呢？

# 吐蕃打了大胜仗

文成公主在680年去世，她维系了大唐和吐蕃20多年的友谊。但她还在世时，也无法阻止吐蕃与唐朝的关系恶化。文成公主逝世后，吐蕃的首领多次更换，唐朝与吐蕃政权之间的问题又凸显出来。30年后，又一位唐朝公主走上了和亲的道路，她就是金城公主。

在此期间，唐朝和吐蕃关系十分紧张，甚至发生了一次规模较大的战役——大非川战役，大非川战役是唐朝建国以来最大的军事失败。那么，大非川战役对于吐蕃和大唐帝国产生了哪些影响，双方为什么要进行第二次和亲呢?

## 大非川战役

松赞干布与文成公主的婚姻开启了唐朝与吐蕃交往的先河，破除了双方不信任的坚冰。松赞干布去世后，由于他的儿子早亡，只好由孙子芒松芒赞继位，大相禄东赞继续辅佐朝政。禄东赞继续奉行松赞干布在位时的政策，吐蕃和大唐的友好关系应该一直维持下去，况且文成公主还在世，她还有影响力，可是在670年，吐蕃和大唐发生了摩擦，战火重燃。什么原因导致的呢?

这个导火索就是吐谷浑，吐谷浑处于大唐和吐蕃之间，大唐不但支持吐谷浑的慕容诺曷钵坐稳了江山，而且还与吐谷浑和亲，送出了第一位和亲公主弘化公主，这明显带有赐婚的性质，所以说吐谷浑是大唐的从属国。但吐谷浑也一直是吐蕃想要吞并的一块“肥肉”，因为大唐的关系，双方才相安无事。如今经过20多年的发展，吐蕃的实力已经与当初不可同日而语。

在吐蕃进攻吐谷浑的时候，吐谷浑的综合国力远远比不上吐蕃，不过有唐王朝这位“老大哥”关照着，吐谷浑一边抵挡吐蕃的进攻，一边向大唐求援，请求长安方面协助抵抗吐蕃的进犯。

在这关键时刻，吐谷浑的大臣素和贵因触犯刑律，叛逃到了吐蕃，素和贵将吐谷浑国内的情况、军事机密向吐蕃和盘托出。禄东赞一看有机可乘，马上有针对性地加强部署，并很快作出了直接出兵的决定。在强大的吐蕃面前，吐谷浑完全处于劣势，国土迅速沦丧，很快走到了亡国的边缘。 面对家国不保的危险，吐谷浑的可汗慕容诺曷钵与妻子弘化公主一道，带着嫡系部众弃国而逃，投奔大唐，到了凉州（甘肃武威），随后他们又被安置到了远离战场的唐朝内地。

作为吐蕃老臣的禄东赞，多次带兵攻打吐谷浑。663年，吐蕃军队在禄东赞的亲自指挥下，占领了吐谷浑全境，吐谷浑被迫宣告亡国。吐谷浑亡国之后，唐朝与吐蕃之间的矛盾更加凸显，双方经常在日月山一带发生冲突，关系持续恶化。4年之后，禄东赞病逝于原吐谷浑境内。但是禄东赞所属的噶尔家族继续影响吐蕃朝政，影响力甚至超越了赞普家族。这时虽然文成公主还在世，但在国家利益面前，还有谁敬重她是大唐的公主呢？一个弱女子再也无法阻止婆家人与娘家人之间的军事冲突。

吐蕃不断向唐朝发起挑战，这时候的唐朝皇帝是唐太宗的儿子唐高宗，唐高宗不甘示弱。咸亨元年（670年）4月，唐与吐蕃争夺安西四镇，也就是龟兹、疏勒、于阗、焉耆四镇。不要小瞧了这四个镇，安西四镇是唐朝前期在西北地区设置，由安西都护府统辖的四个军镇。安西四镇在历史上存在了一个半世纪，对于唐朝政府抚慰西突厥、保护中西陆上交通要道，巩固唐的西北边防至关重要。为了这四个镇，唐朝与吐蕃在大非川展开了一场战役，这场战役就是大非川战役。

大非川是哪里呢？今天青海的共和县。刚开始，吐蕃军队所向披靡，很快攻陷了唐朝西部的 18 个羁縻州，唐朝被迫退出安西四镇。安西四镇被吐蕃占领，对唐朝来说，这意味着切断了通向中亚西亚的交通线。通往中亚西亚的交通线被切断了有那么重要吗？当然。这相当于唐朝对外交流的主干道被切断。如果大唐再不大规模出兵，将面临丧失西北门户的危险。所以，唐朝打着护送吐谷浑王慕容诺曷钵回国的旗号，与吐蕃军队在大非川正式开战。

长期以来，大非川战役是军事史上的一个热门话题。唐代官方史料的记载语焉不详，所以学术界对于参战的吐蕃军、唐朝军队的数量尚存争议。为什么唐代官方史书对这次战役讳莫如深呢？

## 薛仁贵的悲剧

参加大非川战役的吐蕃军队有 40 万，不过据学者考证，吐蕃常规军才 46 万，而且多在安西四镇与吐蕃国内，因此这 40 万不全是吐蕃的本土部队，应该包括依附于吐蕃的苏毗、羊同等部族的势力，甚至包括被征服的吐谷浑部队。

唐朝军队数量是多少呢？《新唐书》记载为 10 余万，《册府元龟》记载为5万。蹊跷的是，在同一部书中，《旧唐书·高宗传》记载为10余万，《旧唐书·吐蕃传》则记载为5万，前后不一。从数量对比来看，唐朝并不占优势。但是唐高宗没有大意，派出了当时最有军事威望、拥有赫赫战功的大将——以“三箭定天山”著称的薛仁贵，副将是久经沙场的阿史那道真、郭待封。可以说，为了西南边境的安全，唐朝已经派出了最强阵容。吐蕃方面也不含糊，军队由禄东赞的儿子钦陵率领。一场血战已经箭在弦上。

薛仁贵带的队伍属于战兵，轻装上阵，所有的辎重留给副将郭待封指挥。薛仁贵带领战兵在经过鄯州（今青海乐都）后，到达了青海湖南边的大非川。薛仁贵曾经攻打过天山地区，对于高原地区作战，较有经验。他深知吐蕃兵多将广，唐军人数比较少，遭遇战容易失手，最好的方案是速战速决。

薛仁贵叮嘱他的副手郭待封率领2万人守护粮草，在大非岭上凭借天险，设置栅栏阻挡吐蕃的攻击，这样辎重所在的地方成为唐军“进可攻、退可守”的阵地。薛仁贵的这个策略初见成效，可惜所托非人，为什么这么说呢？因为这位副手郭待封大有来头。

郭待封亦是唐高宗欣赏的将军，当年唐朝攻打高句丽，郭待封和薛仁贵是同级别的将领。可现在，薛仁贵被唐高宗任命为行军大总管，自己反倒成了薛仁贵的副将，郭待封的心里难免不平衡。再说，郭待封心中不平衡也是有原因的。为什么呢？若论“拼爹”的话，薛仁贵还真拼不过郭待封。郭待封出身将军世家，他的父亲是军中的老前辈郭孝恪，曾经出任安西都护。也就是说，这地方是自己父亲打下的江山。身为名门之后，郭待封心里想：“凭什么让我听你薛仁贵指挥呢？”在行军途中，郭待封一直明里暗里和薛仁贵作对。

薛仁贵带兵有经验，他带领的先遣部队轻装上阵，在河口（今青海玛多）遭遇吐蕃军，吐蕃方面没有想到薛仁贵的军队来得这么快，被打得猝不及防，结果吐蕃军大败而归，伤亡惨重。这次先遣部队的成功返回，让薛仁贵意识到在高原行军，贵在神速。薛仁贵下一步的打算是乘胜追击占领乌海地区，然后等待后援。

结果后援出事了，前面说过后援交给郭待封指挥，而郭待封不服从薛仁贵的领导，擅自带领部队前进，主帅薛仁贵与副将郭待封始终联系不上。吐蕃抓住了好机会，轻松抢夺了郭待封所运送的粮草。薛仁贵被迫退守大非川，唐军几乎全军覆没。

这是唐朝建国以来最大的一次军事失败！也是一代名将薛仁贵个人的巨大耻辱！或许碍于面子，唐代的官方史书只用了四个字来形容战争的结果："王师败绩。"为什么薛仁贵兵败大非川呢？我分析了一下，主要有三点原因。

其一，将领因素。大非川之战，遇到的吐蕃将领是论钦陵。论代表官位，钦陵是禄东赞的次子，长期在边境领兵。根据藏文文献记载，钦陵这个人不简单，他不仅善战，而且通晓战书，能言善辩，较有远见。唐高宗非常困惑，向曾经出使过西域的兵部尚书裴行俭问话，怎样才能打败吐蕃？裴行俭悲观地回答："钦陵在，吐蕃不可图。"

其二，决策因素。高原作战，补给是最重要的。薛仁贵安排郭待封守住粮草，等到薛仁贵回来后再夹击吐蕃军，但是郭待封不听从主将安排。将帅不和，乃兵家之大忌！薛仁贵不可能在失去粮草的情况下一直前进，只好被迫撤退。唐朝军队缺吃少穿，士气低下，根本无法抵挡吐蕃的强势攻击。

其三，地理因素。薛仁贵的部队经历了从低海拔到高海拔的急速前进，青藏高原地形复杂、时有起伏。唐军的起点在鄯州，海拔已有 2300 米，文献中记载将士们出现高原反应。有的士兵出现了眩晕、头痛、心慌、恶心等症状，急速行军缺乏对高原环境的适应时间，这也是客观原因。身为一代名将，薛仁贵在兵败后，也只好扼腕叹息：“天欲亡我，非战之罪！”这是老天爷要灭我啊！

经过惨烈的大非川战役，唐朝的远征军非死即伤，薛仁贵、郭待封勉强逃脱。面对无力挽回的败局，他们只好前往钦陵的军营求情。钦陵胜券在握，他心里明白得很，薛仁贵名义上是来谈判，实质上已承认失败。在这种情况下，双方很快达成一致协议。协议的内容包括：立即停火，大非川地区由吐蕃军控制，吐蕃释放所有唐军战俘，薛仁贵率军立即退回唐朝境内。

大非川之战以唐军失败告终，直接后果是吐谷浑被吞并，唐朝失去了与吐蕃之间的缓冲区。吐蕃凭借大非川之战，一跃成为与唐朝分庭抗礼的西部豪强，吐谷浑也变成了吐蕃的别部。从这之后，吐蕃牢固控制了青海湖地区，并进一步与唐朝争夺陇右与河西走廊，取得了对丝绸之路的控制权。

## 欢好之念未绝

大非川之战，意味着唐军不可战胜的神话走向终结，这也让唐朝的统治者不得不反思自己的政策。想当年，唐太宗将文成公主嫁到吐蕃，无偿地帮助吐蕃发展，没想到仅仅用了20多年，吐蕃竟然占了上风。

吐蕃虽然取得了大非川之战的胜利，但面对曾经强大的大唐帝国，吐蕃也不敢离开本土作战，暂时停止了大规模的武装扩张，改用一步步蚕食的战略。针对这种情况，唐政府曾多次出兵干预，双方再次进入了摩擦不断的相持阶段。

吐蕃在扩张的同时，也在延续松赞干布时期的做法——继续向唐朝请求和亲。一边与唐朝发生冲突，一边请婚，看起来不合乎逻辑，但是这些都是吐蕃采取的形式，所有的形式看不出吐蕃的诚意，不过是对外策略罢了。我想，这应该不是文成公主的意思，相反文成公主的愿望应该是双方尽快回到从前的和平状态。

大非川战役9年后，松赞干布的孙子芒松芒赞去世，当时文成公主还在世。吐蕃以文成公主的名义派使臣向唐朝告丧，并请求为新即位的赞普请婚，这位新赞普是松赞干布的重孙，名字叫都松芒波杰。据说，这次请婚的对象是唐高宗和武则天的女儿太平公主，但太平公主是武则天唯一的女儿，她当然不舍得这个宝贝闺女远嫁，没有答应吐蕃的请求。敢于向当朝皇帝的亲生女儿请婚，可以看出吐蕃的嚣张态度。又过了1年，文成公主去世，唐朝与吐蕃的关系依然没有缓和，双方借以联系的纽带彻底断了。

时间如白驹过隙，一晃过去了20多年。702年，唐朝军队在悉州（今四川茂县）打败了吐蕃的军队，吐蕃赞普见势不妙，不得不派人向唐朝求情。吐蕃为了显示自己的诚意，在第2年，还向唐朝皇帝献上了1000匹马，2000两黄金，这时候的唐朝皇帝是一代女皇武则天，武则天看到吐蕃诚恳的态度有些心动，原则上同意了吐蕃的请婚。但是天有不测风云，唐朝刚答应了吐蕃的请婚，吐蕃赞普随后在征伐中身亡，这事又不了了之。

武则天去世后，唐中宗登基，吐蕃赞普出于对新皇帝的礼貌，又一次表达了向唐朝请婚的意愿。707 年，唐中宗意识到非和亲不足以安抚吐蕃时，才准许自己的养女金城公主嫁给吐蕃赞普。为什么前面多次请求和亲没有成功，而这次就成功了呢？

首先，从吐蕃这方面说起。新即位的吐蕃赞普赤德祖赞年纪很小，只有 6 岁，他的奶奶莫禄氏辅政，掌握朝政不容易。而这时，唐朝与吐蕃双方都被连年的战争所困扰，希望恢复和平。所以，在奶奶的授意之下，吐蕃赞普这次请婚的诚意超过了以往任何试探性的请婚。

第二，在唐朝内部，从武则天晚年开始，政局动荡不稳，边疆的战火不断燃起。宰相狄仁杰曾经多次上疏，向武则天建议："近年来，国家频频出师，所花费的军费不计其数，政府对百姓加征的税额年年增加，百姓怨声载道，建议皇上您适可而止。"武则天死后，继任者是她的三儿子唐中宗，中宗皇帝性格软弱，求和平以自保。唐朝面临着内忧外患，也需要和亲来换取与吐蕃的和平共处。所以，和亲无疑是成本低、收益高的最佳选择。

在这样的背景下，唐中宗终于答应了和亲。史书记载，唐中宗"以所养雍王李守礼女为金城公主，许嫁之"。[1] 虽然答应了和亲，并没有马上将公主嫁过去。两年后，吐蕃赞普赤德祖赞派大臣来迎娶金城公主，唐朝和吐蕃还在长安举行了一场马球友谊赛，可惜大唐的选手频频失球。当时的临淄王李隆基坐在台上，实在看不下去了，不顾身份高贵，亲自上场，凭借一身好球技，

[1] 《旧唐书·吐蕃传》："俄而赞普之祖母遣其大臣悉薰热来献方物，为其孙请婚，中宗以所养雍王守礼女为金城公主许嫁之。"

才扭转了局面，为大唐赢得了脸面。第二年（710 年）的元月 27 日，金城公主带着丰厚的嫁妆向吐蕃出发，这也是唐朝与吐蕃历史上的第二次和亲。苍茫的青藏高原，又将迎来一位来自大唐的公主……

唐朝与吐蕃之间的第二次和亲，是双方政治、军事形势发生变化的结果，和亲是双方所做出的共同选择。我们并不否认两者之间有过失和，有过战争，但这绝不是历史的主流，即使是激烈的战争之后，依然寻求和平关系建立的途径，正如《全唐文》中所说的那样，仍然坚信“欢好未绝”。

金城公主本是唐中宗的侄孙女，后来被唐中宗收为养女，堪称金枝玉叶般金贵。唐中宗为了金城公主的出嫁，做了很多超越常规的事情，也在文坛上留下奇特的现象，这是怎么回事呢？继文成公主和亲后，金城公主再次和亲吐蕃，对于大唐和吐蕃的关系又将产生怎样的影响呢？

第十讲

# 养女出嫁，皇帝哭了

在文成公主去世后与金城公主和亲前的这段时间，唐朝和吐蕃的关系十分紧张。随着时间的推移，双方都意识到需要再次和亲来消弭这种裂痕，这才有了第二次和亲。这次，和亲公主的身份很特殊，她不仅是皇帝的侄孙女，还是皇帝非常疼爱的养女。为了金城公主的出嫁，唐中宗甚至做了很多超越常规的事情，那么金城公主出嫁的规格到底有哪些不同？她远嫁吐蕃能修复唐朝与吐蕃的关系吗？

## 皇帝的养女

金城公主的身份确实很特殊，与文成公主相比，她的地位要高一些，她名义上是皇帝的养女，真实身份是唐中宗的侄孙女。侄孙女怎么会变成养女，最后又册封为公主呢？原来，金城公主的爷爷是唐高宗和武则天的第二个儿子李贤。

李贤曾经被立为皇太子，他天分极高，勤奋好学，饱读诗书，有自己的想法。他的父亲唐高宗有意让他处理政务，想把他作为皇位的继承人来培养，但是李贤的才干太突出了，影响到了自己的母亲武则天独揽朝政的野心。武则天以谋逆罪为名，废掉了李贤，并且将他流放到四川的巴州。李贤获罪后，他的儿子李守礼（金城公主的父亲）当然也受到了牵连，被幽禁在宫中。金城公主的爷爷被酷吏逼迫自杀时，她的父亲李守礼只有 12 岁。武则天登基后，为了强化自己的皇权，她动用酷吏大肆迫害李唐皇室成员。李守礼经常被打得遍体鳞伤。金城公主的家人尚且不能自保，金城公主的童年可想而知。虽然贵为皇亲国戚，但是年幼的金城公主在充满宫廷斗争的环境中长大，谈何容易。

武则天下台后，她的三儿子李显成功继位，这就是唐中宗。中宗继位后，首先进行了拨乱反正的工作，改封金城公主的父亲李守礼为光禄卿。按辈分来说，金城公主是唐中宗的侄孙女，但中宗夫妇很喜欢她，将她收为养女。

在这里，我们有必要了解一下唐代的奇特风俗，即“以孙为子”的风俗。为什么要把孙子当成自己的子女呢？这源自鲜卑族的“收继婚”制度，是指女性在丈夫死后改嫁给丈夫家的其他男性。随着鲜卑族入主中原，这种做法导致亲属间辈分含糊不清，唐朝沿袭了这一风俗，所以“以孙为子”在唐代也比较常见。如果拿金城公主和文成公主做一个对比，可以发现无论是从身份上，还是与皇帝的感情方面，金城公主都超过了文成公主。

金城公主出嫁时年龄多大呢？史书对金城公主的出生年月没有记载，我们无法确切知道金城公主出嫁时的年龄，但是唐中宗在公主出嫁时，发布了一份公文文书，叫《金城公主出降吐蕃制》。在这份文书中写道：“金城公主，朕之小女，长自宫闱，言适远方，岂不钟念！”[1] 可见，唐代女孩子结婚的普遍年龄应该在十七八岁左右，金城公主入藏时年龄并不大。

正是因为金城公主与皇帝较亲近的关系，她出嫁的规格远远高于文成公主。按照唐朝的制度，对和亲公主要给予物质与精神上的双重优待。即使是临时册封的“山寨公主”，因为她承担的是和平使命，与真公主的出嫁规格没有太大的差别。嫁妆是娘家嫁女儿时送的财物，又称“妆奁”“奁具”“嫁资”。在金城公主

[1] 《全唐文》卷16《金城公主出降吐蕃制》。

出嫁时，史书上写到“皇帝赐给无量嫁妆”，无量表示多得数不过来。

出嫁前，唐朝官方还要求吐蕃赞普备礼迎娶，吐蕃赞普也会把迎娶唐朝的公主视为莫大的荣幸。除了新郎家的迎亲，唐王朝还要派王公大臣充当护送使。比如，文成公主出嫁时，由她的父亲礼部尚书、江夏郡王李道宗护送。那么，金城公主是不是也由自己的父亲李守礼护送呢？前面说过，李守礼从小被幽禁在宫中，经常被毒打，身体并不好。也许正是身体的原因，让他无法承受护送女儿出嫁的舟车劳顿之苦。所以，唐中宗派出了一位骁卫大将军作为护送使，这位护送使的名字叫杨矩。

唐中宗非常疼爱金城公主，在金城公主出嫁时，唐中宗做了很多超越规制的事，充分体现了一位父亲的爱女之心。

## 超越常规的送别

当时，唐中宗亲自把金城公主送出了长安城，这还不够，他竟然一路护送养女从长安到了始平县（今陕西富平）。在这里大摆宴席，召集王公大臣还有吐蕃的迎亲使者，举行了欢送宴会。在这次宴会上，唐中宗命令大臣们现场赋诗。随行的文人纷纷挥毫泼墨，抒发感情，奉承皇帝的英明决策。所以我们在《全唐诗》中可以看到非常特别的一幕，《全唐诗》收录了吟咏金城公主出嫁的诗歌有 17 篇，而关于文成公主出嫁的却一首都没有。以公主出嫁作为诗歌创作的主题，这在历朝历代都算是独特的文坛现象。

当时的文人马怀素作了一首诗，诗的名字叫《奉和送金城公主适西蕃应制》，诗中写道："帝子今何去，重姻适异方。离情怆宸掖，别路绕关梁。"意思是这样的：皇帝的女儿今天要去哪里呢？又一次与外族首领和亲，离情又别绪，哀怨加清愁，离别的路上要绕过重重关梁。也许是大臣们的诗歌打动了唐中宗，也许唐中宗可怜金城公主年纪还小，这一走不知能不能再见面，唐中宗竟然一时没控制住情绪，涕泪横流。他把吐蕃的使者叫到身边，再三叮嘱："金城公主到了吐蕃以后，不能受欺负，我之所以忍痛割爱把公主嫁给你们，是希望唐朝和吐蕃能够和平共处啊。"吐蕃使者听到这些，也有感于皇帝爱女心切，不得不连连表态，请皇帝放心。

宴会结束后，也意味着金城公主告别舒适的宫廷生活。她怀着无法平静的心情踏上了和亲之路。她承受着与亲人别离的痛苦，也为自己的前途和命运担忧。这种依依不舍的深情，还有对于前途的茫然无知，我们完全可以想象。不舍归不舍，公主出嫁毕竟是一件大喜事，按照惯例，皇帝要趁着这个机会宣慰天下。唐中宗做了一系列超越常规的事情。有哪些事情呢？

首先，唐中宗免除了百姓一年的租税，这跟皇帝改元、大赦天下的级别一样高，史无前例；第二，用公主的名字命名了一个县、一个乡、一个里。唐中宗改始平县为金城县，用带有离别伤感的词汇命名了凤池乡，还命名了怆别里。这些名字的改动都体现了唐中宗的爱女之心。唐中宗亲自把女儿送到始平县后，金城公主带着丰厚的嫁妆和众多的随从，踏上了前往吐蕃的和亲之路。

当时，送行的队伍非常壮观，有一位叫韦元旦的大臣在《奉和送金城公主适西蕃应制》中写道："琴曲悲千里，箫声恋九天。"

我们可以从诗词中想象出这样一幅场景：皇家护卫队和乐队越走越远，琴声、箫声慢慢消散在远方的天空，早春的郊外愈发冷清，而年轻的金城公主不得不告别长安。这些诗词歌赋将公主的美丽与哀愁、圣上的眷恋与不舍表现得淋漓尽致。送别场景的细节刻画，都是为了表达一个共同的主旨，那就是公主个人的幸福应该服从于国家利益。这些写诗的文人们借机称赞皇帝的英明决策，歌颂唐王朝靠和亲达到“广化三边静，通烟四海安”。[1]

## 金城公主是否生子

金城公主远嫁吐蕃是要嫁给谁呢？长期以来，历史课本中说嫁给的是赤德祖赞，但是在藏族民间文学中却有不同的说法，金城公主到底嫁给了谁呢？在藏文文献的记载中，金城公主婚后曾经生有一个儿子，这个儿子就是后来的赞普赤松德赞，但这种说法与敦煌所藏的古藏文卷的记载又互相矛盾，汉文史料中也没有提及。金城公主到底有没有生子？她嫁到吐蕃之后生活得如何呢？

金城公主是第二位来到吐蕃的和亲公主，她所受到的待遇比文成公主要高。一方面，吐蕃为了迎娶公主，特地凿石通车，开辟了一条由陕西经青海到达吐蕃的道路。文成公主入藏的时候，还没有关车的记载，完全是乘坐畜力，在舒适度上，金城公主更

[1] 武平一：《奉和圣制送金城公主适西番应制》，见《全唐文》卷16。

舒服一些。另外，金城公主所住的城是新修的，所用食物与器皿都是从中原带过来的。与文成公主出嫁时的路途艰险相比，有关金城公主嫁到吐蕃的记载反倒充满了离奇。

藏文文献《西藏王统记》说，在金城公主出嫁的途中，她要嫁的是王子江擦拉，但不巧的是江擦拉被仇家刺死了，金城公主不得已，只好与王子的父亲赤德祖赞结婚。在另外一部藏族文献《拔协》中，记载得更为详细，说金城公主有一面“三域幻化”的宝镜，什么是“三域幻化”呢？通过这面宝镜，公主能看到天上、人间、地狱的情况。正是这面宝镜的指引，金城公主知道自己今生的姻缘在哪里——就在吐蕃，未来的丈夫是英俊的王子。但当金城公主到达唐蕃交界的地方时，她突然感到胸口疼痛，掏出宝镜一看，英俊的王子变成了一个老头。原来，王子江擦拉不幸坠马身亡，也有人说是遭到坏人放毒箭而死。当知道王子死亡的消息后，金城公主顿时泪如雨下！不久，王子的父亲赤德祖赞派遣使者来告诉她：“王子已经死去，公主是回到唐朝还是留在吐蕃，由你自己定夺吧。”金城公主虽然非常痛苦，但她仍然坚定地说：“女子主意，唯只一次。”金城公主毅然嫁给了王子的父亲赤德祖赞。这些传说很离奇，不太符合史实，因为正史中记载金城公主嫁给的人正是赤德祖赞，赤德祖赞不仅不是老头，反而当时年纪很小，有学者考证他只有 6 岁。

在藏族地区，有关金城公主的传说和历史遗迹非常多。据说，当年在唐蕃古道的温泉边，曾为公主建过一个可以沐浴的石房子，后来这座房子成为唐蕃使者往来的落脚处。在林芝地区，流行一首民歌，这首民歌以神鸟大鹏的口吻，唱出了对金城公主的安慰与祝福：“公主莫要愁苦伤悲，去拉萨可见到赞普健壮的御体。我已经赐福你吉祥如意，人们将赶着骏马迎接你，人们将献上百条哈达欢迎你，载歌载舞的百伎舞女也会迎接你。赞普在拉萨请公主登上绿松石宝座，簇拥你的是幸福美丽的五彩大旗。”通过这首民歌，我们可以看出吐蕃民间的传说对金城公主寄予了满腔的热情，也反映出藏族人民对金城公主的崇敬和对她不畏艰险的称赞。

这些故事，跟文成公主出嫁时“五试婚使”的故事不同，金城公主手中有了一面能预示吉凶的宝镜，这样就虚化了求婚的细节。这些神话式的夸张描写，一方面反映出唐蕃间的再度联姻进展十分顺利，另一方面也表明人们对和亲的认可与期待。金城公主入藏后，在逻些举行了隆重的结婚庆典，人们庆贺汉藏之间的再次和亲、再度友好，全城上下一派欢腾的气氛。

在藏文文献的记载中，金城公主婚后曾经生了一个儿子，这个儿子就是后来的赞普赤松德赞。根据敦煌文书中的藏文文献记载，金城公主去世于 739 年，而赤松德赞是在 742 年出生，存在着时间上的矛盾。金城公主到底有没有生子呢？

依据《旧唐书》的记载，金城公主很可能是吐蕃第 37 位赞普赤松德赞的亲生母亲。《新唐书》记载金城公主于 739 年去世，吐蕃方面在第二年派人向唐朝报丧。在藏文文献《赞普世系表》中记载，赤松德赞的母亲是赤德祖赞的另外一位王妃——那囊氏。目前，学术界对于这个问题仍有争议。我们可以从时间、文献来源以及故事传说来分析一下。

首先，从时间上看，金城公主从 710 年入藏到 739 年去世，在吐蕃生活了近 30 年，恰好这也是金城公主的生育年龄期；赤德祖赞在金城公主入藏时年仅 6 岁，金城公主去世时赤德祖赞已经 35 岁，若从青春期开始算起，两人至少有 20 年的时间处于最佳的生育年龄阶段。所以从客观条件上来说，金城公主和赤德祖赞生子的可能性是有的。

第二，藏文文献《拔协》和《贤者喜宴》中有“二母争子”的故事。故事是这样的，金城公主入藏一年后，生下王子赤松德赞，但是赞普赤德祖赞的另外一位妃子那囊氏却把孩子夺走了，那囊氏谎称自己怀孕生下了儿子，并且用药敷在乳房上，有乳汁流出，来证明儿子确实是自己所生。为此，两人争执不休。赞普于是想了个办法来测验一下，他先把孩子包好，放在一个石洞里，看两位王妃谁能辨别出孩子。那囊氏看到孩子后，抢了过去，然后毫不疼惜地把孩子放在地上，而金城公主唯恐把孩子摔坏了，轻轻抱起，又轻轻放下。就这样，真相大白，金城公主是小王子的亲生母亲。

其三，“二母争子”的故事还有另外一个版本，叫“宴前认舅”。故事发生在小王子赤松德赞的生日喜宴上，小王子的父亲赤德祖赞特意让金城公主和大唐的官员坐在一边，让那囊氏和她的家族成员坐在一边。赤德祖赞让儿子拿起了盛满青稞的酒杯，去给舅舅敬酒。那囊氏家族的人拿着各种玩具来招引小王子。不料，小王子却扭过头，径直走到大唐的官员前面，说道：“我是大唐的外甥，那囊家的人怎么可以做我的舅舅呢？”这个故事令人唏嘘不已。“二母争子”也好，“宴前认舅”也好，都是民间老百姓喜闻乐见的传说。至今，桑耶寺还保留着一幅描写这个故事的壁画。

和亲公主一旦嫁到边疆地区，就很少有机会返回自己的故乡，唐代所有和亲的公主中，只有弘化公主比较特殊。她所嫁的吐谷浑距离长安最近，她在吐谷浑生活的50年内，曾经多次往返长安朝谒和求助。文成公主和金城公主都没有这样的机会。再说，回到娘家朝谒可不是说走就走的旅行，必须要有一定的程序。唐玄宗时期，曾有两位和亲公主写信，请求回来朝谒，唐玄宗却回信说："公主出降蕃王，本拟安养部落，请入朝谒，深虑劳烦。"这番话说得很委婉，说公主出嫁本来就是安抚外藩，现在入朝谒见，恐怕是劳民伤财，所以唐玄宗的态度是拒绝的。我们可以想象，和亲公主出嫁后，想回娘家却得不到娘家人的准许，公主的心里一定是失落的。

得不到准许回娘家不要紧，如果娘家来人看望自己也是一种莫大的安慰。《全唐文》记载，开元二年（714 年），唐玄宗派遣左骁卫郎将尉迟瑰出使吐蕃，尉迟瑰专门去看望了金城公主，他还携带了一封唐玄宗的亲笔信。在信中，唐玄宗褒扬金城公主德行高尚、深明大义。

金城公主真实的身世坎坷不已，曾为皇帝的养女，又被迫承担和亲任务。在民间传说中，她是富有神话色彩的人物。这些传说既是真实历史，又有老百姓自发创作的成分。传说与故事背后，何尝不是金城公主身在高原的悲苦和心酸呢？她的遭遇又何尝不是中国古代众多和亲公主经历的一个缩影呢？之所以要神化金城公主，是因为她是一位不俗的女人，是一位为了国家大义而做出牺牲的女人。

作为一位生活在吐蕃的大唐公主，一边是婆家人，一边是娘家人，金城公主难免会受到"夹板气"。当遇到重大矛盾时，金城公主能化干戈为玉帛吗？从感情和道义上，金城公主又该怎么做呢？在敦睦唐朝与吐蕃的关系方面，金城公主的一个小小请求，却在大唐的朝堂上引起了激烈的辩论。

# 金城公主的贡献

金城公主沿着文成公主的足迹嫁到吐蕃，虽然在交通条件、生活条件等方面，比文成公主时期都有了明显提高，但她面临的政治局面更为艰难。金城公主积极促进唐朝与吐蕃的关系，利用自己的身份从中斡旋各种冲突。她在嫁到吐蕃以后，曾经多次写信向唐朝提出请求，却在大唐的朝堂之上引起了激烈辩论。这是怎么回事呢？

## 诗书之争

金城公主嫁到吐蕃两年后，唐朝进入唐玄宗统治时期。玄宗年轻有为，励精图治，开创了与贞观之治齐名的开元盛世。正是玄宗统治下的鼎盛时期，大唐帝国与世界上 70 多个国家或政权有交往，这对吐蕃产生了极大的吸引力。713 年，金城公主向唐玄宗多次写信，请求赐给吐蕃一些书籍。

什么书呢？《毛诗》《礼记》《左传》《文选》等，这些书在唐朝，均为比较常见的图书。这些诗书有什么用呢？“文化是软实力”，诗书之中蕴藏着治国强兵之道。吐蕃请求诗书的行为，不一定是金城公主的本意，也许是吐蕃的智囊团打着金城公主的旗号而为之。这个小小的请求，在大唐的朝堂上引起了不小的争论。

到底该不该答应吐蕃的请求呢？唐玄宗一时拿不定主意。在朝会上，他想听听大臣们的看法，示意大臣们畅所欲言。有一位叫于休烈的大臣说，如果把汉族书籍传入吐蕃的话，以“吐蕃之性，彪悍果决，若达于书，必能识战”（《旧唐书·吐蕃传》）。意思是说，吐蕃本来民风彪悍，如果我们送给他们这些书的话，他们会偷学兵书兵法，这个后果很严重呀。“何异借寇兵而资盗粮也！”这无异于用粮食来资助贼寇啊。但也有人持不同意见，有一位叫裴光庭的大臣站出来说，

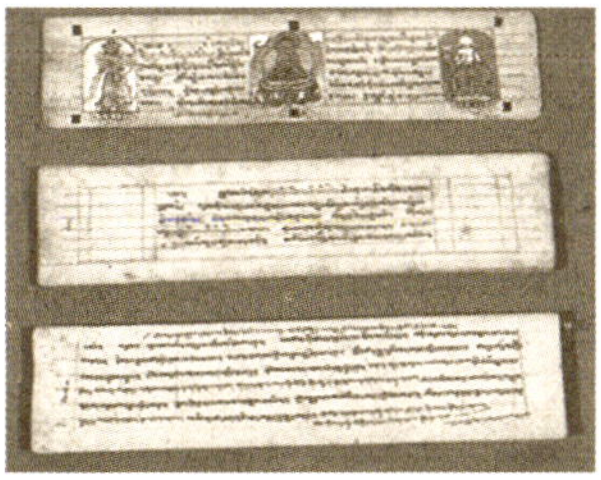

《四部医典》，8世纪作品，纸质，墨书，彩绘长36.3厘米、宽8.5厘米，学界普遍认为《月王药诊》与《四部医典》是著与释的关系。

如果赐给吐蕃这些书，可以使吐蕃“渐陶声教、化流于外”，诗书中的治国经验可以帮助他们，悄悄地感化他们。哪种说法更合理呢？

很显然，裴光庭是出于辅助吐蕃的善意，他的眼光更为长远一些。唐玄宗采纳了裴光庭的看法，准许了金城公主的请求，也展现了唐朝政府的豁达胸怀。很快，这些书籍就被送到了吐蕃。随着这些书籍的传入，吐蕃在宫廷中仿照唐朝建立了修史制度，颁布了新的历法，第一批官修史书也出现了。像敦煌的古代吐蕃文书、南疆的吐蕃文书，便是当时用纸与笔记录下来的历史文献。

金城公主离开长安时，唐中宗陪送了数量不菲的嫁妆，包括大批工艺、杂技与音乐方面的专业技术人才、大量的劳动工具以及数万匹的绣花锦缎，还有书籍、器物等。金城公主嫁到吐蕃后，还派人回中原翻译了不少医学和佛学方面的书籍，并且将翻译后的文本带到了吐蕃。西藏的藏医药名著《月王药诊》也是金城公主组织藏汉学者共同翻译整理的成果，《月王药诊》充分吸收了西藏民间医药学的经验。这些均是文化领域内的交流，除了

这些，金城公主最大的贡献还是在佛教信仰与经济往来方面。

## 礼仪之争

当年文成公主来到吐蕃时，带去了皇家珍藏版的释迦牟尼 12 岁等身像，与尺尊公主所带来的释迦牟尼 8 岁等身像因为供奉地的问题，产生了不小的纷争，而金城公主的到来，结束了这一纷争。这是怎么回事呢？

金城公主怀有一颗虔诚的礼佛之心，她始终以文成公主为典范。在来吐蕃的路上，金城公主在兰州永靖县的炳灵寺稍作停留。在这里，工匠们凿刻了一些佛教石窟。“炳灵寺石窟”在藏语中译为“十万佛祖寺”，说明石窟之多。当然，炳灵寺石窟群的修建从西晋初年就开始了，在北魏郦道元《水经注》中已有提及。但后来随着吐蕃势力的强大，炳灵寺石窟群受藏传佛教的影响比较明显。

金城公主刚到西藏，就要求看望文成公主所带的释迦牟尼 12 岁等身像的供奉处。原来，松赞干布的另外一位妃子尺尊公主所带的释迦牟尼 8 岁等身像供奉在了大昭寺中，文成公主所带的释迦牟尼 12 岁等身像供奉在了小昭寺中，但当金城公主来拜谒时，竟然找不到了，也没有人告诉她放在哪里。金城公主费尽周折，终于在某个角落发现了这尊佛像，她立即取出并举行了隆重的朝佛仪式，不顾各方压力，将这尊佛像供奉在了大昭寺中，这也开启了拉萨大昭寺的朝佛活动。金城公主说供奉就供奉，她有任性的资本吗？金城公主确实有任性的资本，尽管她跟文成公主一样也有一位情敌，但她是赤德祖赞的可敦，可敦就是获得赞普册封的正妻。

在佛教仪式方面，金城公主积极引进中原的礼仪。她曾经资助于阗等地的僧人进入吐蕃，建立寺庙开展宗教活动。她还让人在吐蕃建造了一座名为“九顶正慧木屋寺”的寺院。在金城公主的敦促之下，赤德祖赞下令从中原迎请多名僧人，敬请佛法，在藏区施行了中原的祭祀仪式“七七之祭”，也就是在人死后的49天内，每隔7天要用祭品追悼死者，以求亡者的灵魂得到安息。据说，这正是吐蕃在丧葬仪式方面进行设祭追悼的由来，也是中原礼仪传入吐蕃的直接证明。

与文成公主一样，金城公主的到来，不仅给吐蕃带来了先进的礼仪制度与文化，更重要的影响在经济贸易领域。史书上记载了哪些细节呢？

在笔记小说《唐国史补》中有这样一个故事，有一位叫常鲁的人出使吐蕃，在帐篷中煮水沏茶，吐蕃的赞普问他：“这是什么东西啊？”常鲁趾高气昂地说：“这可是好东西，这个东西可以涤烦疗渴，既能让你忘掉烦心事又能解渴，它的名字叫茶。”赞普一听，不慌不忙地说：“哦，我们这里也有茶。”说着，就让随从取出来，指着各种茶说：“这是寿州（安徽寿县）的茶，这是舒州（安徽潜山）的茶，这是顾渚（浙江长兴）的茶，这是蕲门（湖北蕲春）的茶，这是昌明（四川江油）的茶，这是灉湖（湖南岳阳）的茶。”听到赞普娓娓道来各地茶品，常鲁大惊失色，眼珠子都快瞪出来了！没想到赞普手中的茶不是一般的茶，都是中原的名茶啊！而吐蕃的这些名茶是由唐朝与吐蕃的边境贸易中得来的。边境贸易之所以繁荣顺畅，得感谢金城公主！

因为在经济贸易方面，金城公主请求唐朝政府同意把交界地的赤岭定为贸易的场所。在赤岭，中原以丝绸、茶叶、农用工具等物品，来交换吐蕃的马、牛、羊、骆驼等农畜产品以及金银器、玉器等首饰，交易的种类和数量都很多。

## 会盟之碑

金城公主与赤德祖赞结婚后，当唐朝和吐蕃在边境有摩擦时，金城公主说服吐蕃赞普尽快与唐朝缔结停战和约；为了双方的友好，金城公主还四处活动，积极建议。《新唐书》记载："唐使入蕃，公主每使人迎劳于此。唐使至，赞普每遣使慰劳于此。"唐朝的使者来到吐蕃，金城公主和赤德祖赞对他们热烈欢迎，还设有驿站专门接待他们。在很长一段时间里，吐蕃与唐朝之间的关系好比外甥与舅舅，像一家人一样和睦相处，这个时期也是唐朝与吐蕃之间交往最为友善、战争较少的一个时期。与文成公主时期相比，金城公主在促进唐朝和吐蕃和睦相处方面更有成效，我想，这是双方经历了大非川之战后，都认识到战争带来的损失，彼此格外珍惜来之不易的和平。

731 年，吐蕃赞普给唐玄宗写信，信中说："外甥是先皇帝舅宿亲，又蒙降金城公主，遂和同为一家。"这几句话是在追述历史，吐蕃赞普作为外甥，又承蒙娶到了金城公主，所以我们是一家人。接下来说："如蒙圣恩，千年万岁，外甥终不敢先违背盟誓。"（《旧唐书·吐蕃传》）在写这封信的同时，吐蕃赞普还随信奉上一个金胡瓶、一个金盘、一个金碗、一个玛瑙杯、一条羚羊衫段作为见面礼。为什么写这封信呢？写信是为了联络感情，吐蕃赞普是在强调对唐朝皇帝的恭敬之心，肯定金城公主是唐朝与吐蕃沟通的桥梁与纽带。

除了写信，还要立碑。在古代，人们喜欢刻碑，碑铭是一种古老的记录方式，从结绳记事开始，人们就喜欢把需要强调的内容刻在坚硬的石头上，以求万世不腐。说到立碑，立在地上的碑刻往往比较显耀，比如有歌颂德政功勋的，有记录丰功伟绩的，有盟誓崇法信佛的，有颁赏王族特权的，也有昭告天下的。在发表公告前，往往举行会盟。所谓会盟，即标志着双方达成友好关系的标志性会晤。在金城公主入藏之前，唐与吐蕃已经开始了会盟式的谈判，此后一百多年间，一共有 8 次会盟。其中，最具特色的是长庆年间唐朝与吐蕃之间的会盟碑。这次会盟是在什么情况下举行的呢？

821 年，唐穆宗刚刚登基。吐蕃的赞普是赤祖德赞，他先后两次向唐穆宗表示祝贺，并且派人来长安请求会盟。第二年的 5 月，唐朝与吐蕃之间的第 8 次会盟在拉萨的东哲园举行，会盟由吐蕃的最高僧官主持，会盟的内容以条文的形式记录了下来。又过了一年，唐朝与吐蕃决定永久纪念这次会盟，将盟誓的内容刻在碑上，竖在大昭寺前的公主柳下。而这棵公主柳，相传正是文成公主亲自种植的。

长庆三年（823 年）所立之碑，用藏文、汉文两种文字刻成，即后世所称的“唐蕃会盟碑”，也称为“长庆会盟碑”。唐蕃会盟碑中关于唐蕃和亲的文字格外引人注目，其中藏文部分翻译如下：“神圣赞普弃宗弄赞与唐主太宗文武孝皇帝通聘和亲，于贞观之岁迎娶文成公主。此后，神圣赞普弃隶蹜赞（赤德祖赞）与唐主

（中宗）圣文显武皇帝重结姻好，景龙之岁，复迎娶金城公主，永崇甥舅之好矣。”这段碑文并不难懂，尽管因为语言翻译的问题，吐蕃赞普的名字跟现在通用的不一致，但这段话的意思还是比较直白，非常清晰地说明了唐太宗时期，松赞干布和文成公主的婚姻，后又提到了赤德祖赞与金城公主的婚姻。最重要的是，在追述唐蕃之间和亲历史的同时，抒发了汉藏两族共崇旧好、永息争端的愿望。

碑中的文字朴实无华、通俗流畅，即使千余年后的我们读来，仍然朗朗上口、平顺流畅。会盟碑反复强调“社稷如一统”，表达了吐蕃希望维持和平关系的迫切心情。文字体现出高超的语言技巧，是藏族文化高度发达的有力证明。这块历经千年的石碑，正是汉藏民族间团结友好的象征。

## 甥舅关系

金城公主在吐蕃生活了近30年，在这期间，金城公主不辱使命，为恢复唐朝和吐蕃之间的友好关系竭尽全力。当唐朝与吐蕃关系对立时，为了缓和气氛，吐蕃采取迂回战术，利用嫁到吐蕃的金城公主作为沟通信息、化解矛盾的中间人，唐朝统治者也欣然认可了这一渠道。从感情和道义上来说，处在双方之间的金城公主，比任何人都渴望唐朝与吐蕃之间能够化干戈为玉帛。在这三十年间，唐朝与吐蕃之间的关系有了极大改善，但仍然有战争发生，多是因为边境将领好大喜功、屡次挑衅，导致战火不断。金城公主面对这样的局势，尽力在双方之间斡旋。

在传达立场、减少误解和摩擦方面，金城公主尽心尽力。史书上明确记载，在边境双方有摩擦时，金城公主不下十次上书唐玄宗，表达重归于好的愿望。唐玄宗在给金城公主回信时，也屡次强调亲情，赞同金城公主提出的谦和对待彼此的做法，也满足了金城公主提出的部分要求。正是因为金城公主的努力，使得唐朝与吐蕃的矛盾不至于发展到十分尖锐的地步。诗歌中也有反映，汉文文献《唐诗纪事》中有这样的诗句："甥舅重亲地，君臣厚义乡。"[1] 既然外甥与舅舅两次结为至关重要的关系，自然是君臣之义不可忘。

前面我们讲到，第一位嫁到吐蕃的文成公主在民间有很好的口碑，人们甚至把她的形象神化，有关金城公主的故事也是如此。不仅在史书中有所记载，在民间传说中也有更丰富的内容。这些传说包括公主与小王子相认的故事，有奸臣"狸猫换太子"的故事，有公主与藏族同胞喜庆丰收的故事。西藏的壁画中多次出现以金城公主为题材的内容，比如布达拉宫、日喀则札什伦布寺有《金城公主与子赤松德赞》、山南桑耶寺有《赤松德赞宴前认舅》等壁画。壁画刻画出了汉藏之间"舅甥一家"的亲密关系，也是唐朝与吐蕃第二次联姻在民间建筑和文学艺术领域的见证。特别是金城公主与赞普的另一王妃那囊氏争子的故事，人们不管是与非，对金城公主怀有无限崇敬，也把吐蕃历史上最著名的"三大法王"之一的赤松德赞的生母视为金城公主。

739 年冬天，金城公主病逝于吐蕃，年仅 41 岁。她去世后，吐蕃派遣使者向唐朝告丧，此时正值唐蕃边境战火重燃，唐玄宗

[1] 阎朝隐：《奉和送金城公主适西蕃应制》。

拒绝了吐蕃使者的停火请求，但是唐玄宗仍然为金城公主举行了隆重的哀悼仪式。《旧唐书·吐蕃传》记载“（唐玄宗）举哀于光顺门外，辍朝三日”，辍朝三日就是皇帝三天不办公，这是唐朝政府对去世功臣的极高礼仪。从金城公主的贡献来看，她担当得起这样高规格的祭奠！

纵观金城公主在吐蕃30年的贡献，我们不得不为她竖起大拇指：她不仅以自己的婚姻促进了唐蕃间的经济文化交流，更为重要的是她为推动唐蕃之间的友好关系做出了无可替代的贡献。回顾上述这些故事，可以看出金城公主的贡献和人们对她的敬仰在两个层面上得以呈现：一个是正史层面，史书很吝啬语言，浮光掠影地记载了金城公主一生的功绩；一个是民间层面，老百姓以口耳相传的方式、以艺术的手法将金城公主的故事永久流传。

至此，我们已经解读了唐朝和亲公主弘化公主、文成公主和金城公主的故事，这些故事牵涉到吐谷浑和吐蕃两个政权。唐朝在处理民族关系上，用到了和亲政策，取得了不错的效果。三位弱女子都尽职尽责，尽管她们的婚姻往往被视作是政治婚姻，她们在正史上不过是一个政治符号，但是后人不会忘记她们的贡献。在民族交往的历史上，也会永远留下这三位弱女子的功绩。

时光倒退到唐太宗刚刚驾崩的时候，在唐太宗的葬礼上，有两位高鼻梁、深眼窝、身材魁梧的外族将军异常悲伤。他们不断地表达自己的请求，要为刚刚过世的唐太宗殉葬。这两位外族将军是何人呢？他们为什么要为唐太宗殉葬呢？是什么样的知遇之恩让他们甘心为皇帝殉葬呢？

第十二讲

# 肝胆忠义士，女婿倒插门

贞观二十三年（649 年）五月，唐朝第二位皇帝唐太宗李世民突然驾崩，这位南征北战、文治武功俱达顶峰的英雄皇帝，从此成为帝王传奇。在唐太宗的葬礼上，有一位高鼻梁、深眼窝、身材魁梧的将军异常悲伤。他强忍住内心的悲伤，不断地提出要为刚刚过世的唐太宗殉葬。一个外族将军为什么要为唐太宗殉葬呢？他的请求能得到新继位的皇帝的准许吗？ 六年之后，这位将军与世长辞，终于如愿陪葬于唐太宗的昭陵。官方将他的坟墓修成葱山的形状，用以表彰他生前的赫赫战功。他是谁呢？他就是突厥小王子阿史那社尔，故事要从一场倒插门的和亲说起。

## 落魄的突厥王子

在隋唐时期，我国北方有一个少数民族叫突厥，与铁勒、回纥等游牧民族先后称雄于漠北草原。在势力最强的时候，突厥曾经统治着茫茫大漠，是辽阔草原的霸主。他们建立的突厥汗国在极盛时期版图幅员辽阔：东至辽河，西至咸海，遥领铁勒、薛延陀等部落。李渊在太原起兵时，为了争取到突厥贵族的支持，特意派人将一名中原的歌妓赠送给了突厥的可汗——始毕可汗。始毕可汗看到李渊送来的美貌歌姬，没有嫌弃这位女子的身份低贱，反而很仗义，立即派兵 500 名、战马 2000 匹前来支援李渊起义的部队。可以看出，突厥与唐朝的开国者有很好的合作关系，那么这种合作关系能不能持续下去呢？

三年后，始毕可汗去世，继任者是处罗可汗，处罗可汗在李渊在位时，曾想夺取唐朝的领地并州，想在并州拥立隋皇室后裔杨政道为王。在进攻并州之前，他先占卜了一下，占卜的结果并不乐观，近臣都劝他不要贸然行事，但是处罗可汗不听，他说："我的先祖已经失去了家园，而我们依赖隋朝的帮助才得以生存，占卜不祥，是老天无眼吗？"关于这个故事《新唐书》有记载，当时"雨血三日，国中犬夜群号"，意思是说连下三天血雨，夜里出现了群狗狂叫不止等怪异的现象。在古人的观念中，这些都是不祥的征兆，下血雨肯定是违背自然规律的，这里的"血"应该写成"雪"。天无吉相，也是巧合，处罗可汗还没发动进攻却发病而亡。

处罗可汗死后，继任者是他的弟弟颉利可汗，颉利可汗比他的哥哥更富有攻击性。凭借兵强马壮，他不断地侵扰中原。当然，游牧民族的季节性生产特征决定了他们喜欢来中原掠夺，这样一来，突厥与唐王朝不断产生边境上的摩擦。

武德九年（626 年）六月，李世民通过发动玄武门兵变夺得帝位，颉利可汗看到唐朝统治者内部存在矛盾，便打算乘虚而入，大举进攻唐朝。天有不测风云，突厥的"后院"忽然起火，原本依附于突厥的铁勒、回纥、薛延陀等族趁着漠北草原空虚，反叛了突厥的控制，甚至威胁到突厥的安全。分析史书的记载，可以看出颉利可汗在一开始的时候对唐朝不是那么友好，而在历史教科书中，讲到唐代的民族关系时，往往写到颉利可汗曾经恭维唐太宗李世民为"天可汗"。需要说明的是，这样的表达可能只是突厥被唐军征服之后的阿谀奉承。

颉利可汗在上位之前是哥哥处罗可汗在位，处罗可汗的第二个儿子就是我们故事的主人公阿史那社尔。阿史那社尔 11 岁时，就以骁勇善战闻名于部落。在史书中，阿史那社尔有着良好的形象与绝佳的口碑，他在部落内部实行宽松的政策，休养生息，甚至数十年没有征收赋税。别的部落首领嘲笑他不懂得趁机敛财，阿史那社尔却不以为然，他笑着回应说："部落既丰，于我便足。"看来，他一心为公，不在乎个人得失，所以得到了部落的拥戴。

由于实力有限，阿史那社尔在出兵相助漠北的部落时，被薛延陀打败。贞观二年（628 年），阿史那社尔被迫率领部落西迁，谋求东山再起。他一直念念不忘薛延陀的反叛，一心想着复仇，却总以失败而告终。被逼无奈之下，贞观九年（635 年），阿史那社尔率领部分人马来投奔大唐。按理说，阿史那社尔来自外族，他的父亲和叔叔都曾经与唐朝关系不睦，投奔唐朝能有好结果吗?

唐太宗的高明之处在于宽宏大量、捐弃前嫌，他马上授予阿史那社尔左骑卫大将军的封号，大大出乎阿史那社尔的意料。不久，归附唐朝后的阿史那社尔，人生走向发生了巨大的变化，因为他娶到了一位心爱的女人！这位女人改变了阿史那社尔，她是谁呢?

她就是衡阳公主。

衡阳公主是唐高祖李渊的第 14 个女儿，也是唐太宗同父异母的妹妹。前面说到，阿史那社尔前来归附，唐太宗并没有看低他，反而以突厥可汗的待遇予以优待。当他看到阿史那社尔依然单身时，唐太宗非常关心，他想到了同父异母的妹妹——衡阳公主。不久，在唐太宗的安排下，阿史那社尔在长安城迎娶了衡阳公主。理论上来说，这是唐朝立国以来的第一次和亲（弘化公主是第一位外嫁的和亲公主），也是一桩倒插门的婚姻。正是唐太宗以宽广的胸怀接纳帮助了阿史那社尔，才使得他立下了誓死效忠大唐的决心。

## 屡立战功的女婿

贞观十四年（640 年），阿史那社尔任交河道行军大总管，参加了唐朝平定高昌的战役。当时，高昌王曲文泰依附西突厥，阻止西域各国通过他所控制的领域，阻断了丝绸之路。高昌王还发兵偷袭伊吾（今新疆哈密）、焉耆（今新疆焉耆西南）等原本向唐朝臣服的政权领地。高昌王之所以这么做，出于自身利益的考虑，高昌占据优越的地理位置，这里是中原通往西域各国的交通要道，所以唐太宗决心除掉这个障碍。

贞观十四年，阿史那社尔随吏部尚书侯君集率兵攻打高昌国。攻打完高昌国后的一件小事儿，见证了阿史那社尔的个人品性。

战后，唐朝的领兵大将侯君集依仗战功，私自取走许多高昌王室的珍宝，军队内部随即上行下效，唯独阿史那社尔岿然不动。别人很好奇，问他："你为什么不拿呢，不拿白不拿！"阿史那社尔则义正词严的回答："未奉皇帝之诏，岂敢私取？"从这件小事，我们可以看出阿史那社尔的人品。回到长安后，唐太宗听说了这件小事儿，盛赞阿史那社尔的无私，并且特意奖励给他一把高昌国的宝刀以及数量众多的丝织品，封赏他的爵号为毕国公。

历史也许就是这样埋下了伏笔，若干年后，私取高昌国珍宝的侯君集因为犯谋逆之罪被唐太宗所杀，而阿史那社尔却能善始善终，并且获得了极高的政治地位。一般来说，外臣或胡将，很难获得中原政权中皇帝的信任，阿史那社尔却是个例外。

自从与衡阳公主结婚后，阿史那社尔多次参加唐朝的对外战争，并且屡立战功。贞观十九年（645 年），阿史那社尔辞别新婚的妻子衡阳公主，跟随唐太宗出征高句丽，在如火如荼的战争中，阿史那社尔不幸身中流矢，在生死攸关的时刻，他没有考虑个人安危，拔出流矢后继续带兵打仗，再立战功。从战场回来后，阿史那社尔被提拔为鸿胪卿。

在唐太宗率兵亲征、攻打东北的高句丽时，北方的薛延陀却数次发兵入寇夏州（今陕西靖边东北白城子）。贞观二十年（646 年），唐太宗认为消灭薛延陀的时机已到，于六月十五日下令阿史那社尔与礼部尚书、江夏王李道宗共同为瀚海安抚大使，与执失思力、契苾何力等各率本部兵马，兵分多路，进攻薛延陀。不久，薛延陀大败。唐灭掉薛延陀后，唐太宗派李勣和兵部尚书崔敦礼前去安抚，铁勒等部落酋长一看大事不妙，纷纷前来请求归附唐朝。

说到阿史那社尔等少数民族将领的名字，读者可能觉得有些陌生，但在史书上的确有他们的记载。他们都是归附唐朝的突厥人，在归附唐朝后，得到了唐朝皇帝的礼遇。其中，共有 4 位杰出的少数民族将领在大唐娶得了公主，除了阿史那社尔之外，还有 3 位。

第一位是阿史那忠，他是突厥始毕可汗的孙子。贞观四年，唐朝名将李勣打败颉利可汗后，阿史那忠因为采用诱敌深入的策略，帮助唐朝捉住了颉利可汗，他被唐太宗封为左屯卫将军。唐太宗是喜欢做媒的人，把定襄县主许配给了阿史那忠。定襄县主虽然不是李唐宗室，但是因家族显贵被封为县主，享受二品的待遇。

第二位是执失思力，他是东突厥酋长，深得颉利可汗的器重。唐太宗打败颉利可汗后，颉利可汗无计可施，只好派遣执失思力入唐请罪，没想到唐太宗将他留了下来，授予他左领军将军的封号。不久，唐太宗还将九江公主嫁给他，按照惯例，又封他为驸马都尉。后来，在唐朝征伐辽东、薛延陀、吐谷浑的战斗中，执失思力屡立战功。执失思力与九江公主感情很深，执失思力曾因为房玄龄儿子房遗爱的反叛事件受到牵连，被流亡外地，九江公主主动请求削掉自己的封邑，与丈夫一同前往。

第三位是阿史那摸平，他是启民可汗的孙子，处罗可汗的大儿子，阿史那社尔的亲哥哥。他所娶的女人是平夷县主，史书没有详细记载平夷县主的出身，但在阿史那摸平儿子的墓志铭中，提到了皇室“亲旧”这样的字眼，可以推断出阿史那摸平与平夷县主的婚礼属于和亲行为。

正是由于这些少数民族将领的鼎力支持，为唐朝北部边境的安定贡献了力量。国安，才能家安，在攻打高句丽后，阿史那社尔与衡阳公主的婚姻进入正常的家庭生活模式，他们得以在长安团聚。贞观二十一年（647 年），阿史那社尔又不得不挂帅出征，他被唐太宗任命为昆丘道行军大总管，出兵龟兹。每次出征，都是心惊胆战，往往生死未卜。唐诗有云：“醉卧沙场君莫笑，古来征战几人回。”衡阳公主在与丈夫分别之际，默默祈祷，期待他能平安归来。

## 君臣相处的典范

阿史那社尔出生于604年，21岁时归顺唐朝，直到离世都在唐朝为官，作为一名职业军人为唐王朝南征北战。他青年时期起伏跌宕，后来毅然投入大唐的怀抱。在娶得大唐公主荣升为驸马后，阿史那社尔完全可以享受荣华富贵不问政事，但他多次带兵出征，浴血奋战，并且屡立战功。阿史那社尔为唐朝戎马一生、至死不渝，是唐朝时期重要的少数民族军事将领之一。那么，阿史那社尔一生的功绩有哪些呢？ 主要有三点：

第一，平定高昌。640年，身为驸马的阿史那社尔跟随侯君集一起平定高昌。在这次战役中，唐军围困了高昌城，高昌国王投降，自此高昌国灭亡，唐军取得完全的 胜利。这是阿史那社尔的一大战绩。

第二，远征高句丽。645年，阿史那社尔远征高句丽，交战过程中虽然多次被流矢射中，但是阿史那社尔拔掉箭，继续前进，终获胜利。在平定过程中遇薛延陀入侵，阿史那社尔联合薛万彻等人一鼓作气，将薛延陀也一并平定了，可谓一箭双雕。

第三，大败龟兹。贞观二十一年（647年），唐太宗为打通西域商路，决定发兵攻灭龟兹（今新疆库车）。阿史那社尔被任命为行军大总管、左骁卫大将军，契苾何力、安西都护郭孝恪等任副大总管、右骁卫大将军，并发铁勒、突厥、吐蕃、吐谷浑等10余万铁骑，向西进攻龟兹。在与龟兹的作战中，阿史那社尔命令将领假意撤退将敌军引入陷阱，大败龟兹军。经过数十日的追击和攻城，终于将龟兹击败，生擒龟兹王。这次战役对周围西突厥、于阗产生威慑作用，争相送驮马和军粮向唐朝军队示好。

可见，与衡阳公主和亲后，阿史那社尔这位突厥王子一心拥护大唐，为大唐的军事行动立下汗马功劳。阿史那社尔曾与唐朝为敌，归顺以后却对唐朝忠心不二，临阵奋勇屡建功勋。阿史那社尔是衡阳公主的丈夫，也就是唐太宗的妹夫，他是突厥首领，同时也是唐朝著名的领兵大将。阿史那社尔之所以能够屡立战功，尽管是个人天赋使然，但也与唐太宗的用人智慧有关。

在大唐生活的 20 年里，唐太宗对阿史那社尔礼遇有加，不但赐他大将军的职位，还将自己的妹妹衡阳公主嫁给他，要知道阿史那社尔虽然是一个部落首领，但他是为了躲避西突厥的报复而投奔唐朝，当时他还没有任何军功，这样对待他确实是破格提拔。事实证明，唐太宗没有看错人，阿史那社尔后来的表现也证明了他是一个值得托付的人。这既表明了阿史那社尔高尚的个人操守，也显示了唐太宗高超的领导艺术——委以重任，用人不疑。

阿史那社尔是一位忠义之士，唐太宗去世，他有感于唐太宗对自己的赏识与恩德，请求以身殉葬。他的想法却遭到大臣们的一致阻拦，我们或许能理解阿史那社尔的心情，他与唐太宗相处多年，虽说是君臣，但更是战于沙场的兄弟是生死之交，面对太宗的离世，阿史那社尔无法释怀，一心只想陪伴太宗而去。也许是唐太宗早有预料，他早早给唐高宗下达旨意，不允许阿史那社尔殉葬，所以阿史那社尔最终没有给唐太宗殉葬。殉葬是需要勇气的，不是每个人都能坦然面对，更何况阿史那社尔请求殉葬还是自愿的，从这一举动能看出阿史那社尔对于唐太宗的忠心以及二人之间深厚的君臣情谊。而这时，新继位的唐高宗马上示意：

爱卿心意，上苍可鉴；忠义之士，万世可表。

这个和亲故事有些特别，和亲的公主衡阳公主并没有远离中原，和亲的新郎是为唐朝效力的突厥将领，唐朝皇帝主动嫁女给他，这种婚姻带有赐婚的性质。以阿史那社尔为代表的突厥将领，虽然算是倒插门的女婿，但他们凭借自身的威望和领兵经验，为唐王朝的边疆安定立下了汗马功劳。史书对于阿史那社尔的评价用了八个字："功绩光明，天子倚信。"这位唐朝女婿收获如此的赞美之词，实在是实至名归。

回到我们故事的开头，在唐太宗的葬礼上还有一位少数民族将领与阿史那社尔一起表示要为太宗殉葬，他是谁呢？又有怎样的人生故事呢？他为什么宁愿割掉耳朵也要回归大唐呢？是什么样的精神信念支持着他在异域他乡书写传奇呢？

第十三讲

# 迟到的聘礼

贞观二十三年（649 年）五月，一手缔造了贞观之治的唐太宗李世民，终于没能熬过病魔的侵蚀，驾崩于翠微宫的含风殿内，享年 52 岁。而随着唐太宗的离世，一个英雄皇帝的时代终结了。灵柩前，文武百官纷纷跪倒，悲痛至极。这时，众人发现在哭灵的人群里，有两位外族将领异常悲伤。除了来自突厥族的阿史那社尔外，还有另外一位，他不仅伏在棺椁上号啕大哭，甚至表示要以死殉葬。他的忠诚让在场的人莫不感慨，更感动了刚刚继位的唐高宗李治。他是谁呢？他就是契苾何力，故事从他被扣押当人质说起。

## 被扣押的契苾何力

契苾何力来自北方的铁勒族，“契苾”是他所属的部落名称，“何力”是他的名字。他的爷爷和父亲都曾是可汗，契苾何力所在的铁勒族曾经强盛一时，主要活动地带在今天的阿尔泰山及天山一带。契苾何力 9 岁那年，父亲去世。当时的中原王朝在唐太宗的统治之下，国力渐长，但是西北边境并不太平。后来，唐朝军队灭掉了东突厥，贞观六年（632 年），契苾何力与母亲率领一部分铁勒人归附大唐。作为一位表示归附的外族将领，唐太宗会信任他们吗？有一句话，叫“非我族类，其心必异”，他们出于仰慕唐朝的威望、期待获得唐朝保护的行为，可信吗？唐太宗会怎么做呢？

唐太宗将他们安置在甘州和凉州一带（今甘肃张掖、武威），封契苾何力为左领军将军，并封他的母亲为姑臧夫人，弟弟契苾沙门为贺兰州都督。契苾何力具有杰出的军事才能和突出的军事素质，还被选入长安，陪伴在唐太宗左右。

当时的西北边境并不太平，铁勒族的另外一支薛延陀日益强盛。薛延陀的首领为夷男，夷男自称可汗，建立了薛延陀汗国，东至室韦，西到金山，南接沙碛，北界瀚海，成为北方最强大的势力。很多部落表示臣服，比如回纥、拔野古、阿跌、同罗、仆骨等。夷男拥兵20万，有一颗不安分的心，他正在寻找向南入侵唐朝的机会。

贞观十五年（641年）十一月，薛延陀攻入唐朝境内，十二月十七日，唐兵部尚书李勣击败薛延陀主力，使薛延陀无力南侵，大部分人马被迫撤至漠北。在这种情况下，契苾部落中不少人希望契苾何力主持大局，考虑到自身的民族习惯，他们打算归附薛延陀，但是有些大臣担心契苾何力不答应，于是挟持了契苾何力的母亲与弟弟。贞观十六年（642年），契苾何力奉圣旨回凉州老家看望，他知道这件事后，面临的选择非常艰难，是去是留？“孝于亲”与“忠于国”，如何选择成为迫在眉睫的难题。

契苾何力考虑再三，对大臣们说：“唐朝皇帝对我有知遇之恩，又对我委以重任，我怎忍心背叛他呢？”这时，有人反驳：“您的母亲和弟弟已经被俘获去了薛延陀，您又为何不可呢？”契苾何力义正词严地答道：“我弟弟在母亲身边，可以尽孝、可以尽心尽力赡养母亲，而我以身许国，终不能去也。”听到这些，蓄谋已久的叛军将领看到契苾何力不听劝阻，没办法，只好把他绑起来，挟持契苾何力至薛延陀夷男可汗的牙帐。

消息传到大唐后，唐太宗李世民知道契苾何力的处境十分艰难，但李世民深信契苾何力不会叛唐，认为：“必非何力之意。”

朝廷上下一时议论纷纷，有人趁机陷害契苾何力，说："人心各乐其土，何力今入薛延陀，犹鱼之得水也。"但唐太宗却说，契苾何力这人我了解他："此人心如铁石，必不背我。"果然不出唐太宗所料，契苾何力到夷男的牙帐后，严词拒绝招降。他箕踞而坐，然后拔出佩刀指向东方（唐朝所在的方向）大呼："岂有大唐烈士受辱蕃庭，天地日月，愿知我心！"说罢，将左耳割下，以此表明宁死不叛大唐的决心。

说到这里，可能读者觉得场面有些血腥，为什么要割掉耳朵呢？割耳是北方游牧民族的一种风俗，表达十足的诚信和决意。与割掉耳朵类似的举动还有剺面，就是在自己的脸上划上几刀。夷男可汗见契苾何力如此一意孤行，不禁大怒，想要杀掉契苾何力。但是夷男的妻子劝说道："本来我们是同宗同族，何必赶尽杀绝，还是留他一条活路吧。"于是，契苾何力被暂时囚禁了起来。

契苾何力割耳明志的消息传到大唐，唐太宗感动不已，流着眼泪对群臣说："契苾何力竟然能做到如此忠诚，可叹！可敬！"当即派兵部侍郎崔敦礼持节前往薛延陀，表达了唐朝皇帝的态度，愿意以下嫁新兴公主为条件，换回契苾何力。新兴公主是唐太宗的亲闺女。契苾何力这才得以踏上回归大唐的路程。那么，新兴公主有没有前去和亲呢？

## 迟到的聘礼

贞观四年（630 年），夷男拥有漠北之地，强盛时拥兵 20 万，薛延陀的强大引起了唐太宗的顾虑，不仅册封夷男为真珠可汗，还史无前例地赐封夷男的两个儿子为小可汗。薛延陀的强大不可小视，唐太宗却也留了一手，他令突厥将领李思摩安置在漠南，与薛延陀比邻而居，这样双方可以互相牵制，不敢轻举妄动。

夷男担心突厥向北侵袭，在贞观十五年（641 年），夷男趁着唐太宗封禅泰山之时，发兵 25 万攻击李思摩，结果唐朝援军来得及时，薛延陀被打得横尸遍野。夷男可汗一看情况不妙，马上派遣他的叔父作为特使来到唐朝献上马匹，同时向唐太宗请求和亲。唐太宗觉得这明显是见风使舵的行为，断然拒绝了他。

第二年，夷男又一次派人来请婚。对于到底要不要答应，唐太宗向诸位大臣征询建议。唐太宗提出了两个方案，第一个方案是派兵 10 万，对薛延陀进行强攻，然后赶尽杀绝，这可以说是一个百年大计；第二个方案是采用羁縻政策，以和亲的手段，使得边境无忧，这可以说是一个 30 年计划。到底哪个好呢？太宗想听听大臣们的意见。宰相房玄龄认为："现在我们国家刚刚建立，民生凋敝，兵凶战乱，圣人所慎；和亲之策，实为天下幸事。"唐太宗非常信任房玄龄，认同了他的看法。

很快，唐太宗选出了一位公主，准备与夷男行和亲之礼，这位公主叫新兴公主。新兴公主是唐太宗李世民的第 15 个女儿，母亲不详。太宗许婚之后，夷男可汗带着聘礼准备在灵州会面。按照唐代的婚俗，新郎是要好好准备聘礼的。没想到，夷男的聘礼为马、羊等游牧民族常见的土特产。夷男也是实在人，家里有啥就拿啥，当然最主要的原因是"府库亏空"，也没有珍宝珠玩可以供奉。

经过长途跋涉，路无水草，途中牲畜饿着肚子，再加上天气不好，这些牲畜经不起折腾，半道上已损耗大半。夷男在出发之前没有规划路线，对路途所用的时间估计不足，未能如约而至，这令唐太宗非常生气。唐朝这边认为，把牲畜作为聘礼也倒罢了，聘礼未到就来请婚，明显属于轻视我大唐。所以，唐太宗断然拒绝了薛延陀的请婚。

唐太宗拒绝了薛延陀的请婚，也是自我否定的行为，为什么这么说呢？原来，唐太宗在起初答应薛延陀的和亲请求时，接待仪式非常隆重。《新唐书》记载："群臣侍，陈宝器。"这就是说，在答应和亲的时候，不仅群臣陪同，而且最高礼节都拿出来了。在音乐演奏方面，奏《庆善》《破阵》盛乐及《十部伎》，其中《十部伎》只有在最高规格的场合才能演奏。现在倒好，说悔婚就悔婚，这怎么可以？在《旧唐书·褚遂良传》中记载，褚遂良曾经劝说唐太宗，此前陛下答应得好好的，我们还高兴地通知了吐蕃，也通知了突厥，已经昭告天下，连五尺童子都知道，怎么说悔婚就悔婚呢？

按理说，唐太宗也是心胸宽广的人，应该不会仅仅为了夷男的礼物不丰、约会迟到而悔婚，那么，为什么唐太宗说悔婚就悔婚呢？这里面是有玄机的，是与夷男曾经扣押的一个人有关。谁呢？

当初，唐太宗答应了夷男的请婚，夷男爽快地释放了扣押的契苾何力，契苾何力在回到长安后，一五一十地向唐太宗禀报了薛延陀的所有情况，包括内部的军事力量、外部势力对薛延陀的牵制等，并且提出了一个一举灭掉薛延陀的计划。唐太宗听了契苾何力的分析后，觉得十分有道理，他对契苾何力说："君子无戏言，既许之，奈若何？"你看，我前面已经答应和亲了，现在又悔婚，不太好处理啊。契苾何力则坚持自己的看法，拒绝和亲才是唐太宗一举瓦解薛延陀的良策，我们的最终目的是安边求稳，不是吗？唐太宗听从了契必何力的建议，也觉得这婚不能结。所以才有了上面提到的一场因为约会迟到而悔婚的事情。

结果，悔婚之后夷男很快失去了中原王朝对他的支持。夷男去世后他的两个儿子争权，薛延陀陷入大乱。从这个故事中，我们可以看出唐太宗为了换回契苾何力，不惜答应出嫁亲生女儿前往薛延陀和亲。幸好契苾何力提出计谋，才使得唐朝避免了“赔了夫人又折兵”的悲剧发生。这件事情很难评说，古语云“兵不厌诈”，能够使用计谋的时候，何必动武呢？

## 不记敌仇的将军

契苾何力回到长安后，因为提出了很好的计谋，立了一功，被唐太宗授予右骁卫大将军的封号。贞观十九年（645 年），唐太宗亲率唐军进攻高句丽。五月二十八日，唐军进至白岩城（今辽宁辽阳东太子河北岸）。位于乌骨城（今辽宁凤城东南）的其他高句丽军一万余人前来增援，契苾何力时任前军总管，见到情况紧急，亲率 800 名精锐前去阻击援军。契苾何力率军奋战，但兵力相差实在悬殊，部队被高句丽军包围，他的腰部被敌人的长矛刺中，伤势严重。幸好，部将薛万备将他救回。契苾何力情绪激愤，简单包扎一下伤口又重返战场，终于大败高句丽军，随后乘胜追击几十里，斩千余人，直到天黑才收兵。

战后归来，唐太宗亲自为契苾何力敷药，表达对他视死如归的褒奖，同时授予他镇军大将军的封号，从二品，这更具英雄相惜的情怀。后来，唐太宗派人查出刺伤契苾何力的人叫高突勃，并把高突勃交给契苾何力，让他处理，以报一矛之仇。但契苾何力却说："犬马犹为其主，况于人乎？彼为其主，况致命冒白刃而刺臣，是其义勇士也。本不相识，岂是冤仇？"[1] 这段话是说，狗和马都知道对主人尽忠，况且是人呢？再说，他刺伤我也是冒着生命危险，这本身说明他是勇士。我们本不相识，也谈不上冤仇。从这件事情上，可以看出一个人的品质。契苾何力不迁怒于伤害自己的敌将，反而评价他敢于刺杀自己是勇士所为。最终，将高突勃释放。契苾何力具有宽广的心胸以及非常人所能达到的坦荡胸襟。

史书还记载了契苾何力的一个故事。当年，在攻打吐谷浑的过程中，汉族将领薛万均名列契苾何力之下，心怀嫉妒，于是诋毁契苾何力，说了一些很难听的话，借机夸耀自己的功劳。契苾何力非常气愤，拔刀而起，想要杀掉薛万均，众将制止了契苾何力并救下薛万均。唐太宗听到此事后，责怪契苾何力，契苾何力向唐太宗详细地说明了事情的原委，唐太宗听后，觉得薛万均有错在先，想要解除薛万均的官职，把这个官职授给契苾何力，契苾何力却执意推辞，说："陛下由于我的缘故而解除薛万均的官职，那些胡族官员不知详情，还以为陛下重视胡族而轻视汉人，以讹传讹，争斗之事必然多起来。"唐太宗一听，认为说得有道理，也就没有处置薛万均。不久，唐太宗让契苾何力担任玄武门宿卫官，检校屯营事务，并将宗室之女临洮县主嫁给他。

仪凤二年（677 年），为大唐征战一生，立下赫赫战功的契苾

[1] 刘肃：《大唐新语》卷 7《宽恕》。

何力因病去世。唐高宗追赠他为辅国大将军、并州大都督，获准他以功臣的身份陪葬昭陵。跟前面我们讲到的阿史那社尔一样，契苾何力为唐朝效力，他们分别在大唐贡献了 20 年和 40 年，为唐朝的统一安定做出了巨大的贡献。后人在编修《旧唐书》和《新唐书》时，将他们的功绩秉笔直书，使他们的英名永留青史。

契苾何力识大体、明大义，不见利忘义，得到了唐太宗的信任和重用，外加他本人有统御之才，带领千军万马，不畏艰险，驰骋沙场，屡立大功。《旧唐书》对契必何力的评价非常贴切："凡用兵破吐蕃、谷浑，勇也；心如铁石，忠也；不解万均官，恕也；阻延陀之亲，智也；舍高突勃之死，识也。立大功，居显位，夙夜匪懈者，何力有焉。"[1] 契苾何力作为一个外族将领，打败吐蕃、吐谷浑，是勇敢的表现；能够做到心如铁石，不被薛延陀所诱惑，是忠心耿耿；阻止薛延陀的和亲，是智谋所在；对于伤害自己的高突勃，放他一条生路，是过人之识、胸襟广阔。尤其是在部众叛乱的时候，宁愿割下耳朵也不愿意叛变唐朝皇帝，"士为知己者死"，那份对唐朝、对皇帝的忠诚，后世几乎无人能超越。

唐朝对边疆民族采用了"绥之以德、怀之以柔"的政策，任用了一批胡族名将，如阿史那杜尔、契苾何力。我们还应该看到，唐太宗任用契苾何力这样的部落首领为将帅，率领的部队同样为唐朝所用。这种做法也得到了后世统治者的继承，比如黑齿常之、哥舒翰、高仙芝等都是胡族将领，他们为大唐守土拓边，功勋卓然，在史书中留下了精彩的故事。

皇帝对异族将领的信任跨越了民族、身份与距离，这种信

[1] 《旧唐书》卷 109《契苾何力传》。

任，也只有胸怀壮志的帝王才具备。唐朝几乎不存在种族歧视，外族将领很多，是中国史上最自信、最开放的王朝。这从侧面说明，唐朝对边疆民族的归化政策是成功的，是值得我们借鉴的。

# 被扣押六年的新郎官

一代女皇武则天在登上皇位后的第8个年头，也就是圣历元年（698年）六月的一天，她在朝堂上正襟危坐。这时，有一位大臣俯身禀报说，收到一封信件，信件是北方游牧民族突厥族的首领默啜可汗所写。信中写道："女皇陛下，万事安好！我有一个女儿，恳请您赏赐一个乘龙快婿。"武则天一听，心里很明白，突厥又不是真的缺年轻帅气的小伙子，你玩这一套，还不是一种外交策略？突厥主动示好，该怎么办呢？武则天迟疑不决，因为她心里很清楚，自己还欠着默啜可汗一个人情。什么人情呢？

## 美梦成空

万岁通天元年（696年）原本表示臣服的契丹首领李尽忠、孙万荣起兵叛唐，攻陷了唐朝的边境营州（今辽宁朝阳），武则天派军征讨，但是久攻不下。默啜可汗听说后，主动向唐朝表示："我可以帮你们。"在说这番话时，他还自降身份说："我愿意做天皇的儿子，期望能为我的女儿向大唐请婚。"

说了一些这样的好话之后，默啜可汗说："但我有一个小小的请求，不知道您答应不答应？我的意思是如果仗打赢了，河西地区归降的百姓与土地归我突厥管理，如何？"武则天听出来了，前面的请婚之词都是铺垫，后面的一句才是本意，意思是我可以帮你打败李尽忠、孙万荣的叛军，但是胜利后你必须有所表示啊。此时的武则天火急火燎，对默啜可汗说："请婚也不是一两天能完成的事，这样吧，我先册封你，表达我的诚意，你愿意帮我打败叛军我很高兴，之后咱们再从长计议，可不可以？”默啜可汗说：“也好。”果然，擅长骑兵作战的突厥军队，很快帮助唐朝平定了李尽忠、孙万荣的叛乱。

没过多久，唐朝军队又遇到了麻烦，在同契丹作战的时候，又是久攻不下，武则天再次请突厥出兵，默啜可汗又说了一堆为女儿请婚的空话，最后提出索要 6 个州的地盘以及大量的粮食种子、丝织品、铁农器等。这回东西要得有点多，武则天也不敢擅自作决定。针对这个问题，武则天让大臣们在朝堂上讨论，可以各抒己见。

大臣田归道认为：“默啜可汗肯定违背誓言，和亲之事不一定靠谱，我们还是要做好防备。”大臣阎知微则比较乐观地说：“和亲不需要陪送太多东西，先答应和亲才能自保，还是试试和亲吧。”武则天听了他们的分析，权衡利弊后，觉得默啜可汗一时半会儿也不一定能整出什么幺蛾子，决定先答应和亲再说。

武则天答应了默啜可汗的和亲，这回和亲不同于以往的和亲。是突厥要嫁女，大唐这边出一个小伙子。接下来的问题是，选哪个小伙子去迎娶默啜可汗的女儿呢？

此时的武则天，登基已有 8 年的时间，但她上台以后，不断削弱李唐皇室的影响力，竭力培养自己（武姓）的势力。随时准备反扑的李唐皇室让她不敢小视，全面巩固夺下来的江山才是第一要务。她想了想，最亲不过娘家人，当然得找一个武家的小伙子。她掐指一算，身份高贵还处于单身的武姓小伙子并不多，恰好自己的侄子武承嗣有一个小儿子，名字叫武延秀，年龄合适，尚未婚配。这样算来，武延秀是武则天的侄孙。就是他了！没过多久，武则天下令让大臣阎知微陪同武延秀前去突厥，准备迎娶默啜可汗的女儿。这次形式特别、意义非凡的请婚之旅能顺利吗？武延秀能否娶到突厥的美女呢？

圣历元年（698 年），武则天将侄孙武延秀派往突厥，前来迎亲。严格来说，这时的突厥政权称之为后突厥（682—745 年），是继东突厥后活跃于漠北的突厥族政权，默啜可汗是后突厥的第二位可汗。然而，不厚道的人果然不厚道，在武延秀一行到达突厥后，还没见到新娘子的面，就被默啜可汗扣押了。很明显，默啜可汗悔婚了。

默啜可汗是有备而来，他把悔婚的理由罗列得非常充分，有以下五点：

一、唐朝赐给我稻谷的种子，种在地里不长；

二、金银器皿都是假货、烂货，心不诚；

三、给我突厥使者的官袍，后来又收了回去；

四、赠送我方的丝织品都是质量下乘的；

五、默啜可汗的女儿应该嫁给天子的儿子，武姓属于小姓，门不当、户不对，这是赤裸裸的假冒为婚。

默啜可汗以这五个理由为借口悔婚，发动了对唐朝的进攻，此次和亲宣告失败。可怜的新郎官武延秀，贵为大唐皇帝的亲戚，本来高高兴兴地奉命来到突厥娶妻，结果空欢喜一场不说，还被扣押在异域他乡。这一扣押不要紧，时光一晃就过去了 5 年多。

在这 5 年多的时间里，武延秀想，与其整天哀哀怨怨，不如主动适应这里的生活，暂时也没有生命危险，他便利用这个机会，学习了突厥的语言，学会了跳突厥的舞蹈。除了没有自由身，一切过得舒舒服服的。没想到的是，机会总是垂青有准备的人，5 年后他被释放，正是由于擅长表演突厥舞蹈，能说一口流利的突厥语，凭借个人魅力，俘获了当时最得宠的安乐公主的芳心。安乐公主是武则天的孙女，唐中宗与韦皇后的爱女，武延秀摇身一变，成了得宠的驸马。

## 和亲成了幌子

上次提出和亲的事情闹得不愉快，是不是以后就不再提这事了呢？历史不是过家家，尽管充满了阴谋，也有许多的不可预期。

长安三年（703 年）的一天，默啜可汗又来信了，这次还是为了女儿向武则天请婚，史书没有交代是不是与许诺嫁给武延秀的女儿为同一人。为了防止再次闹误会，这回默啜可汗在信中交代得很清楚，“请以女妻皇太子之子”，意思是说，我的女儿要嫁给皇太子之子。这时的皇太子是武则天的三儿子李显，史书上没有交代皇太子之子是哪位，但是，武则天很爽快地答应了。武则天为什么答应了呢？

说来，武则天的心还真是大，通过几个回合的较量，知道默啜可汗的醉翁之意，一定是冲着经济利益而来。果不其然，和亲之事还没进入操作的程序，默啜可汗便已派兵进入唐朝境内的鸣沙县。又过了一年多，705 年的正月，82 岁的女皇武则天病逝，新继位的唐中宗李显断然拒绝了突厥的和亲要求。

武则天去世后，唐朝的政权更迭比较频繁。每当有新皇帝继位，默啜可汗总要拿出和亲的戏码表演一番。武则天的四子李旦在三子李显驾崩后刚刚继位，默啜可汗再次向唐朝请求和亲。

唐睿宗的性格要柔和一些，他不像三哥那样干脆，而是考虑到和为贵，答应了突厥和亲的请求，打算将金山公主嫁到突厥。金山公主是谁呢？她是宋王李成器的女儿。宋王是唐睿宗的长子，那么金山公主就是唐睿宗的亲孙女。既然大唐出的是皇帝的亲孙女，突厥的新郎也不能级别太低，突厥派出的准新郎是谁呢？是默啜可汗的儿子杨我支。

先天元年（712 年），杨我支奉父亲之命来唐朝请婚。唐睿宗很重视，特意在安福门宴请杨我支，并且让他与金山公主见了面，双方都很满意。但是，天有不测风云，也正是在这一年，唐睿宗宣布把皇帝之位禅让给儿子李隆基。唐睿宗性格寡淡，因为早年看够了母亲武则天为了权力而杀戮，他一心求静，早有退位之意。凑巧的是，唐睿宗的三儿子李隆基个性强势，在咄咄逼人的态势下，唐睿宗主动让出了权力的宝座，李隆基继位，是为唐玄宗。

即使皇帝是新换的皇帝，之前的约定还得遵守，上次谈妥的和亲还没完成，默啜可汗又要上演请婚的戏码了。先天二年（713 年），杨我支来到唐朝，担任皇帝的宿卫，也就是安全警卫的工作，当然这是象征性的工作，由外族首领的儿子担任“质子”，说白了就是人质，表明没有二心，一心一意拥护大唐的皇帝。杨我支来到大唐的本意是请婚，唐玄宗也爽快地答应了。不过女主角变了，变成了蜀王的女儿南和县主，这次和亲很顺利。唐玄宗还给默啜可汗写了一封信，信中说：“你看我对可汗有恩有义，所以才答应再次和亲，想必你看到这个消息，应该很欣慰吧。”

默啜可汗看到这封信到底什么反应，我们无法猜测，但是不久，唐朝和突厥就在西域开战了，北庭都护郭虔瓘大败突厥的精锐骑兵，突厥的一部分人还投降了唐朝军队。仗都打起来了，和亲之事当然没影儿了。仗越打越厉害，唐玄宗在开元二年（714 年）三月，颁布了北伐的战斗檄文。

在战斗檄文中，唐玄宗骂道：“默啜可汗素来桀骜不驯，狼子野心，以前假装向我朝通好，以和亲为名，背信弃义。现在胆敢侵犯我北部边境，为了安定考虑，必须从长计议，现在我要派兵摧其精锐，是为了将来一劳永逸。”可见，唐玄宗坚定了北伐的决心。别忘了，这时候正是开元年间，盛世时期，国力强盛。默啜可汗听到玄宗要大举北伐的消息，被吓得够呛，马上又故技重演——先服个软，再求和亲。

大家都知道“狼来了”的故事，突厥一遍遍的求婚、用兵、又求婚、又诈降，次数多了，谁都不信。不过，唐玄宗也不是鲁莽之人，他还是奉行“和为贵”，在外交上骂归骂，能不动武绝不动武。接下来，他给默啜可汗写了一封信：“我与突厥素来通婚合好，你若真心，请选个良辰吉日，我把公主嫁给你。你也派一个王子来我这里继续担任宿卫工作，以表达诚心，岂不是两全其美？！”

我们从这些政权之间的交往中，可以看出策略与常用手段，但是事情往往没有想象的那么简单。双方还没有达成和亲的协定，又有了突发事件。位于西南边陲的吐蕃进攻了唐朝边境，吐蕃是实力更强的劲敌，唐玄宗北伐突厥的计划暂时搁置，当然最终也没有实施的机会了。开元四年（716），默啜可汗在对外征伐时，被部下所杀，自己的闺女也没嫁出去，唐朝的王子也没来，一切又归零。

默啜可汗去世后，他的哥哥毗伽可汗继位。开元九年（721年），毗伽可汗第一次向唐朝请婚，求娶一位唐朝公主。但是唐玄宗给了他厚厚的赏赐，便打发他回去了。三年后，毗伽可汗派一个叫哥解颉利的人又来到大唐，献出方物请求和亲，之后又派大臣阿史德颉利再次来唐请婚，但这两次请婚之事都不了了之。

读者朋友可能要问了，为什么非要一遍遍地请婚呢？因为在突厥的可汗看来，未能与唐朝和亲，是自己的政权地位与唐不相称。毗伽可汗曾经发牢骚说："吐蕃本是狗种，连吐蕃都娶到了文成公主、金城公主，奚、契丹本来是突厥的附属，现在也娶到了大唐的公主，突厥前前后后那么多次请婚，都没有成功，现在见了他们这些不如我们的人，我感到羞愧，没有脸面啊。"突厥可汗觉得自己没有娶到大唐的公主，没有获得大国乘龙快婿的名誉，实在是有损昔日称霸北方草原的名声。

## 一切都是套路

其实，唐玄宗对默啜可汗口是心非的做法厌恶至极。开元九年721年，他在答复毗伽可汗时，重提旧事，说道："如果早早依附于我，事也不至于此，但是你偷袭我西北边境，就不能怪我不客气了。将心比心，为求和好，各得安生，何必斟酌？"说到这里，我们还是要注意国家实力的问题，玄宗时期的唐朝，国力已经进入开元盛世，已非武则天时期可比，而突厥在走下坡路，唐朝不再畏惧突厥的南侵。接下来双方的关系如何发展呢？

开元十五年（727年），毗伽可汗为了讨好唐朝，提供了一个重要的军事情报。此前，吐蕃连年入侵唐境，也向突厥表示联合起来一举消灭唐朝。毗伽可汗悄悄地把这个情报告诉了唐玄宗，唐玄宗为了奖励毗伽可汗的贡献，许诺西部所降之城为互市的场所，也就是在投降的城市开展边境贸易。这样，每年突厥都可以获得数十万匹的丝织品，而唐朝也可以获得大量突厥的良马。这段时间，是唐朝与突厥和平往来的蜜月期。

既然进入了和平交往的蜜月期，和亲之事再次进入议事日程。开元二十二年（734 年），唐玄宗终于答应了突厥的和亲。毗伽可汗上书表达感谢，在《谢婚表》中，提到“皇帝即是阿助，卑下是儿，一种受恩，更有何恐”？阿助是爸爸的意思，毗伽可汗把自己的地位降低，视作唐玄宗的儿子。和亲之事可以马上举行，并且献上良马 40 匹作为彩礼。但是，好事也经不起多磨，这时毗伽可汗在内部的争权夺利中不幸被杀。天宝四年（745 年），突厥最终被强大的回纥汗国所消灭。关于唐朝与后突厥和亲的故事，只有精彩的开头，没有美好的结尾，关于和亲的故事也成了历史的烟尘。

通过这些和亲故事，我们可以看到突厥与唐朝的和亲有表演的成分，遇到新皇帝继位就请婚，遇到唐朝有所求就提出物质要求。默啜可汗在和亲中的态度如此反复，是根据其扩张与掠夺的需求而变化的，和亲往往是突厥武力行动的先导。在征服北疆后，默啜可汗策划向东扩张以控制契丹和奚。与唐朝和亲结盟就成为其东进战略的妙招，和亲可以起到麻痹唐朝、获得财物的目的，可谓一箭双雕。而唐朝的皇帝也不完全是厚道之主，大部分时候掌握悔婚的主动权。

隋唐时期，突厥经历了三个阶段：突厥汗国、东西突厥汗国、后突厥汗国。在各个时期，突厥的统治者都曾积极推动和亲。实施和亲的范围不仅包括中原、西域，还包括波斯和东罗马。和亲是一种政治行为，这也决定了它的利益指向。正如 19 世纪英国首相帕麦斯顿所说的“没有永恒的朋友，只有永恒的利益”。古代的和亲故事也提醒着我们，外交活动往往是从利益的角度来考量问题。

也正是在唐玄宗统治时期，唐朝与契丹、吐蕃、奚、突骑施等多次和亲，而且规格非常高。唐玄宗密集嫁女的初衷是什么呢？我们常说开元盛世是中国历史上的三大盛世之一，为什么盛世之下还需要那么多的公主牺牲自我的幸福，甚至付出生命的代价呢？盛世之下隐藏着怎样的隐忧？在那些和亲公主的身上又发生了哪些离奇的故事呢？

第十五讲

# 社稷依明主，安危托妇人

一提到公主，往往会让人羡慕：高贵的身世、奢华的生活。可是和亲公主的生活不一定比平常人好，甚至会有性命之忧。按理说，和亲的公主嫁的是外族的首领，她们的日子应该很富足，怎么会连命都丢了呢？这难道是危言耸听吗？当然不是。本讲将出场七位公主，她们将面对不同的命运。我们首先从宜芳公主的故事说起。

## 被杀的宜芳公主

宜芳公主原本是唐玄宗的外甥女，她的母亲是唐中宗的女儿长宁公主，父亲是高官杨慎交。一看公主这家世背景，你可能觉得她家世代豪门，根正苗红，但事实远不是那么回事儿。唐中宗的老婆韦皇后和女儿安乐公主依仗唐中宗对她们的宠爱，曾经权倾一时，后来在宫廷政变中，被太平公主和他的侄子李隆基（也就是后来的唐玄宗）联合铲除。自己的母亲和妹妹因为政变而死，长宁公主能够保命已经不错了，因受政变的牵连，她被驱逐出京城。宜芳公主是长宁公主的女儿，所以从这个渊源与家庭背景来说，宜芳公主的出身并不清白。那么，宜芳公主为什么会被派到奚和亲呢？

奚族和契丹同属于一个族源，都是鲜卑族宇文部的后裔。从隋唐时期一直到辽代，奚族在中国的东北部有着举足轻重的地位。奚族和契丹在败于拓跋鲜卑后，躲进大鲜卑山（今大兴安岭）里边，生活在希拉木伦河畔。南北朝后期，奚部落逐步成长壮大，形成独立的族群。在唐太宗时期，奚族的首领主动降服唐朝，因此被赐姓李氏。

在武则天时期，契丹头领李尽忠、孙万荣因忍受不了唐朝地方官的压迫，率众起义，后来李尽忠死亡，孙万荣继续统领在东北边疆的奚族，其势力大于契丹族。奚族和契丹这两个民族经常在唐朝的边境杀戮抢劫，有时还攻入中原掠夺粮食。

在唐玄宗时期，西南边陲的吐蕃政权对中原虎视眈眈，唐玄宗不得不把对外关系的重心放在吐蕃，所以对东北采取“和为贵”的怀柔政策。那么，作为怀柔政策的常用手段，和亲被提上议事日程。这时，宜芳公主作为和亲公主的候选人，被推荐上来。

皇帝的一纸诏书下来，宜芳公主要远离自己曾经长大的故土，尽管有一千个舍不得，有一万个不情愿，可她没有选择——她的身份决定了她必须听从皇家的安排。从年龄、身份考虑，宜芳公主是比较适合的人选。

宜芳公主从小读书识字，有一定的文化水平，她要嫁的人是奚族的首领。在前往奚族的过程中，曾经在虚池驿稍作休整。在这里，她写下了著名的和亲诗：“出嫁辞乡国，由来此别难。圣恩愁远道，行路泣相看。沙塞容颜尽，边隅粉黛残。妾心何所断，他日望长安。”皇帝也愁路途遥远，流着眼泪来送别。宜芳公主的心里非常清楚，这一别，什么时候还能再见面呢？然而风沙遮住了容颜，粉黛失去了颜色，我的心里念念不忘的是长安、是故园，可谓字字血、声声泪……

没想到，宜芳公主一语成谶，他日再也无法亲眼望见长安。宜芳公主三月成亲，6个月后便被杀害，可怜的她惨死在婆家人的屠刀下！这是为什么呢？

原来，唐玄宗特别信任安禄山，幽州节度使安禄山一心想在皇帝面前邀宠，他数次侵扰唐朝东北部的奚族和契丹，打着安定边疆的名义挑起事端。而陷入杨贵妃温柔之乡的唐玄宗偏信了安禄山的一面之词，唐与奚族的关系因为怀疑、猜忌而破裂。这时，宜芳公主嫁到奚才半年，奚族的掌权者就残忍地杀害了她，并且发誓要用公主的鲜血来祭奠反唐的旗帜。

宜芳公主在短短半年的时间，命丧他乡！任凭怎样的尘沙飞扬，怎样的扼腕叹息，也无法吹去命运的幽怨。然而，宜芳公主并不是第一个嫁到奚族的唐朝公主，在她之前，已经有两位公主前来奚和亲，她们是固安公主和东光公主。她们的命运又如何呢？

## 固安公主、东光公主

固安公主也是唐玄宗的外甥女，不过从与皇帝关系的远近来算，她是从外甥女，要比宜芳公主远一些。根据《旧唐书》的记载，她的父亲名叫辛景初，官职、家族背景等信息不详，公主为庶出的女儿，正是这个庶出的身份为她后来的人生埋下了伏笔。什么伏笔呢？

开元五年（717 年）二月，辛景初收到来自朝廷的一纸诏令，说他的女儿已被封为固安公主，要远嫁给奚族的首领李大酺。皇命不可违，很快这位年纪轻轻的姑娘就以固安公主的身份被护送到了奚族，与奚族的首领李大酺举行了婚礼。3 年后（开元八年），李大酺率兵救契丹，不幸战死。李大酺的弟弟李鲁苏被拥立为首领，按照“兄终弟及”的收继婚制度，固安公主又嫁给了丈夫的弟弟李鲁苏。

又过了两年（开元十年），李鲁苏主动入唐朝觐见，唐玄宗很高兴，让他继承哥哥的封号，这些封号包括饶乐郡王、右金吾员外大将军兼保塞军经略大使，不仅给封号，唐玄宗还赐物一千段，这实际上是以官方的态度承认了固安公主与李鲁苏的婚姻。当时，李鲁苏的牙官塞默羯有心谋害李鲁苏，逃到了突厥。固安公主得知后，使用计谋，将塞默羯诱杀。唐玄宗嘉奖公主的功劳，赏赐不断增加，史书用了“累万”两个字来形容。也就是说，赏赐的丝织品已经达到数万段。在唐代，丝织品可以作为一般等价物，具有货币的功能。唐玄宗的赏赐不仅仅给固安公主带来了丰厚的物质生活，也给她带来了羡慕、嫉妒、恨。谁会嫉妒她呢？这个人不是别人，正是固安公主的嫡母。

所谓嫡母，是自己父亲的正妻。前面说过，固安公主是庶出，是小老婆所生。从血缘上来说，固安公主和嫡母是没有关系的。固安公主的嫡母嫉妒她所领的赏赐，不断向唐玄宗进言：“公主是庶出，庶出的女儿怎么可以承担和亲这样的国家任务呢？我所生的女儿才配这样的身份，请以我的女儿作为公主嫁给李鲁苏吧。”不明就里的唐玄宗也没有审查，就信以为真，命令固安公主与李鲁苏离婚。从这件事情上来看，唐玄宗真是无心朝政，昏聩无比。后来，唐玄宗封中宗女儿成安公主所生的女儿韦氏为东光公主，再次下嫁李鲁苏。固安公主的人生轨迹就这样被改写，那么被离婚的固安公主去向何处呢？

史书在这方面并没有留下太多的笔墨。客观地说，固安公主对唐朝的边疆安全立下了功劳，有“累万”的赏赐以及公主的身份，我们乐观地推测，她以后的生活并没有因为离婚而受到影响。那么，东光公主的母亲千方百计为女儿争来了和亲的机会，她在嫁给李鲁苏之后，情况怎么样呢？

东光公主韦氏，是唐中宗李显的第六女成安公主所生，父亲是韦捷，韦捷是中宗韦皇后的从子，因与韦皇后的亲戚关系在宫廷政变中被诛杀。开元十四年（726 年），朝廷选中韦氏远嫁奚的首领李鲁苏。和亲之前，母亲成安公主已经去世。东光公主可没有姐姐那样的好运气，她从一开始就过着颠沛流离的生活。

开元十八年（730 年），契丹的牙官可突于因为受唐的冷落，率部下胁迫奚部分人马背叛了唐朝，投降了契丹。李鲁苏自知无力对付可突于，便跑到唐朝的都城长安。东光公主则先逃奔到安禄山所领的平卢军，后又逃到长安。夫妻二人好不容易在长安相会。《资治通鉴》卷 213 记载："奚王李鲁苏及妻韦氏（东光公主）、邵固妻陈氏（东华公主）皆来奔。"此后公主的去向史书无记载，乐观的推测应该是在唐朝的庇护下于长安定居了。

## 静乐公主惨遭毒手

契丹和奚族被统称为"两蕃"，贞观二年（628 年），契丹首领率其部投降唐朝，突厥的颉利可汗想打契丹的主意，想以攻下梁师都所率领的地方政权作为换取契丹的条件，但是唐太宗拒绝了突厥的提议。这使得颉利可汗有些不满："奚族和契丹是突厥的旧臣，他们已经娶得了唐朝的公主，而我们大突厥屡次请求和亲，独独得不到准许，为什么呢？！"其实，唐太宗倒也不是吝惜一个和亲的公主，只是他有自己的打算，他想拉拢奚和契丹来制约突厥，不让突厥独霸北方。

契丹归附于唐朝后，在天宝四年（745 年）三月十四日，唐玄宗爽快地答应了契丹可汗（松漠郡怀顺王）李怀节的和亲请求。这次派出的公主是谁呢？是静乐公主。静乐公主原来的姓氏是独孤，也是一位皇帝远亲的宗室女。静乐公主嫁到契丹之后，是不是保持了和平局面呢？这得从开元末年，唐与契丹的关系紧张说起。

开元末年，契丹的大将可突于造反，唐朝军队出塞击破，俘获甚众。可突于率其部下远逃，契丹的余部尽降唐朝，唐朝军队班师返回。一年之后，可突于又返回来了，唐朝再次派出幽州长史兼御史中丞张守珪攻打契丹，张守珪所向披靡，逼得可突于投降，这时，契丹的李过折杀死了可突于。后来，可突于的残部又将李过折消灭，张守珪率军彻底击破了契丹。天宝四年（745 年），契丹首领李怀秀向唐朝投降，唐玄宗封他为松漠都督、崇顺王，他也向唐玄宗提出了和亲的请求，唐玄宗答应他以宗室女独狐氏为静乐公主，出嫁契丹李怀秀。

静乐公主是信诚公主之女，但这时平卢、范阳节度使安禄山是玄宗面前的大红人。天宝四年，安禄山为了边功而数次侵掠奚族、契丹，不断扩张自己的势力，导致契丹叛乱，契丹起了杀掉静乐公主的歹心，与前面所说的宜芳公主的故事一样，契丹也要用公主的鲜血用来祭奠反叛唐朝的旗帜。

安史之乱后，契丹侵犯唐朝边境。独霸一方的幽州节度使刘济出于自身安全考虑，派兵击败了奚族和契丹，追击一千多里，斩首二万级。为什么非要将契丹置于死地呢？这跟此前的密集和亲有关。在静乐公主被杀之前，已经有三位唐朝的公主嫁到契丹。

## 永乐公主、燕郡公主、东华公主

唐朝初立，契丹的态度若即若离，一会儿归降突厥，一会儿又向唐朝示好。唐太宗统治末期，契丹内附，唐朝设置松漠都督府予以管辖；武则天时，契丹的李尽忠、孙万荣联合反叛，脱离了唐朝的行政管辖；到了唐玄宗时期，突厥衰败，契丹再次向唐朝示好，开元二年（714 年），唐朝封契丹首领李失活为松漠郡王，并且给了他刺史的封号。

两年后（716 年），李失活来到长安，亲自向唐朝请婚，唐玄宗也很厚道，将永乐公主许配给了他。永乐公主是正议大夫、复州司马杨元嗣的女儿，杨元嗣为东平王李续的外孙。李失活和永乐公主的婚礼没有在契丹领土内举行，而是选择就近在长安举行。婚礼举行后的开元六年（718 年）正月，李失活和永乐公主返回契丹，不久，李失活去世，他的弟弟娑固被立为松漠郡王，唐玄宗还派人送给永乐公主锦袍鱼袋以及一千五百段锦帛。

开元八年（720 年），契丹内乱，契丹牙官可突于骁勇善战，李娑固担心他篡权，想除掉他，没想到可突于先发制人，打败李娑固。娑固死后，他的堂弟李郁于继任为王，可突于掌握幕后大权。从此，史书再也没有关于永乐公主的记载。

开元十年（722 年），李郁于与可突于入唐请婚，玄宗封李郁于为松漠郡王。按照惯例，玄宗又得指派一位宗室女前往和亲，这时，玄宗堂妹的女儿余姚县主慕容氏被选了出来，封为燕郡公主。

燕郡公主慕容氏，唐玄宗外甥女。母为唐玄宗的堂妹余姚县主，父为慕容嘉宾。722 年，燕郡公主被唐玄宗许配给前来长安求亲的契丹首领李郁于。两年后，李郁于去世，燕郡公主再嫁他的弟弟李吐于。新上台的李吐于跟大臣可突于不合，两人互相猜忌，可突于树大根深，李吐于不得不投奔唐朝，唐玄宗马上封他为辽阳郡王，留在长安担任宿卫，燕郡公主也跟随丈夫定居长安。

李吐于在投奔唐朝后，契丹无主，可突于拥立李尽忠的弟弟李邵固。开元十四年（726 年），唐玄宗册封李邵固，以外甥女东华公主许配给他，并且说了一堆“保家卫国、忠心赤诚”之类的褒奖之词。

又过了四年（730 年），可突于杀掉了李邵固，率领契丹投降突厥。唐朝的宰相张说在上朝时骂契丹人面兽心，唯利是图。实际上，两个政权之间的关系是变动不居的，双方都有原因。

史书曾经记载了自东华公主嫁到契丹后双方的友好交往。开元十六年（728 年），李邵固派他的儿子来唐朝当质子。开元十八年（730 年），契丹向唐朝贡献了 20 匹马。但是，一个弱女子终究无法阻止契丹政权内部的争权夺利。契丹政变后，嫁给李邵固的东华公主被迫逃到安禄山的平卢军。直到五年后，契丹和唐朝的战争才告结束，公主个人的命运已经不见于史书的记载。

通过上面的故事，我们看到唐玄宗时期是推行和亲政策的密集期，说到唐玄宗的统治，大家都比较熟悉“开元盛世”这个名词，但是关于他所推行的和亲未必清楚。在《剑桥中国史》中有这样的评论：“745 年，唐廷试图用建立新通婚联盟的办法来恢复和契丹的关系，但是没有成功，送去的皇室新娘被杀。”这期间，永乐公主、燕郡公主、东华公主、宜芳公主、固安公主、静乐公主、东光公主等七位公主先后被送到契丹与奚，可是最后契丹与奚族不领情，竟把进贡的两位和亲公主给杀害了。

七位和亲公主的命运坎坷，甚至被杀，反映出的正是自汉朝以来饱受争议的和亲政策。有诗曰："社稷依明主，安危托妇人。"皇帝的一纸诏令把本不是公主的女孩临时册封为公主，让她们承担起"扫净胡尘"的任务。可是，老百姓盼望的是"但使龙城飞将在，不教胡马度阴山"的英雄，渴望的是强大的国家实力，期待的是不怒自威的大国风范。即使如开元盛世，盛世之下依然存在着暗流涌动的忧患。

758 年，这一年是唐朝的乾元元年，唐玄宗躲在四川早已当上了太上皇，他的儿子肃宗临危受命。七月十七日这一天，整个长安城笼罩在浓浓的离别气氛中，肃宗的亲生女儿前往回纥和亲。这是怎么回事？派出皇帝的亲生女儿，能否逢凶化吉呢？

# 第十六讲

# 皇帝的亲闺女上场了

758 年，这一年是唐朝的乾元元年，七月十七日，整个长安城笼罩在浓浓的离别气氛中。这时的唐朝皇帝是唐肃宗，他的亲生女儿宁国公主要从长安启程，踏上远嫁回纥的和亲之路。这也是唐朝历史上第一次以皇帝的亲闺女和亲，引得朝廷上下无比重视。

宁国公主是唐肃宗的第二个女儿，在她出嫁的当天，她的兄弟姐妹、京城里的文武大臣都出来为她送行。这时最伤心的莫过于唐肃宗，他一脸凝重，亲自把女儿送到了咸阳的磁门驿。肃宗心里明白，国难当头，以前和亲派出的是临时册封的公主，这次实在是迫不得已，只能送亲生女儿出嫁。

## 临行的“天命真女”

宁国公主知道自己出塞和亲是肩负着稳定社稷、安抚黎民百姓的重大使命。在与父皇分手时，宁国公主早已泪流满面，但她还是坚定地说：“国家事重，死且无恨。”国家度过危机最要紧，即使让我赴汤蹈火，也没有什么人生遗憾了。唐肃宗作为一国之君，听到女儿的这番话，更是感动不已。作为一名父亲，对于女儿吉凶难卜的前途，他不忍心去想。唐肃宗几度哽咽，送行的人也泣不成声。唐肃宗考虑得也很周全，宁国公主毕竟是自己的亲生女儿，为了使远在异域的女儿有个伴儿，唐肃宗还特地选了荣王李琬的女儿以“媵”的身份陪嫁。“媵”，是指古代嫁女时随嫁或陪嫁的人。这样，李琬的女儿跟宁国公主一起嫁过去，姐妹俩在异域他乡也算有个照应。

和亲的对象是回纥的可汗磨延啜。和亲是两个政权之间的官方行为，在和亲之前，唐朝皇帝要给未来的女婿一个封号。唐肃宗特地封磨延啜为英武威远毗伽阙可汗。按照和亲的程序，女方这边要有送亲使者。唐肃宗选派了一批重臣担任送亲使、册命使：派自己的堂弟、汉中郡王李瑀为册命使，堂侄左司郎中李巽为册命副使兼任宁国公主的礼会使。从送亲的规格来看，完全不亚于唐中宗时期金城公主的出嫁规格。即使这样，肃宗还是不放心，特意派开府仪同三司、尚书右仆射、冀国公裴冕把宁国公主送到唐与回纥的交界处。为什么皇帝要让亲生女儿担任和亲的使命呢？这得从当时的政权危机说起。

## 空前的政权危机

在宁国公主出嫁前三年，唐朝政权遇到了朝不保夕的危机。而这次政权危机的源头要从宁国公主的爷爷——唐玄宗说起。天宝十四载（755年），这一年是李隆基在位的第43个年头。老百姓已经习惯了盛世当歌的太平日子，可是没想到，十一月初九（12月16日），一场危机潜伏在歌舞升平的表象之下。

唐玄宗的宠臣安禄山雄踞唐朝的东北边境，身兼范阳、平卢、河东节度使。他善于花言巧语取悦皇帝。史书记载，安禄山身材高大而肥胖，据说肚子大到垂至膝盖，唐玄宗问他：“你这个胡人，肚子里有什么东西啊？”安禄山巧妙地回答：“没有多余的东西，只有对皇帝您的一片赤胆忠心！”如此赤裸裸的阿谀奉承，唐玄宗没有意识到安禄山背后的野心，反而高兴地接受了。

为了获得唐玄宗的宠信，安禄山在杨贵妃身上下足了功夫。最荒唐的例子是，45岁的安禄山竟然拜29岁的杨贵妃为“养母”，进出宫廷，趾高气扬，处处以贵妃娘娘的养子自居。这是安禄山极为高明的一手，他深知贵妃受皇帝宠爱，在与皇帝的交往中走“夫人路线”是最有效、最讨巧的捷径。

除了表达忠心，安禄山也干了些实事。当时，位于东北边疆的奚、契丹经常叛乱，唐玄宗一时束手无策，安禄山出兵平定了奚、契丹，使唐玄宗喜出望外，多次嘉奖他，称赞他是“万里长城”。

年事渐高的唐玄宗为了追求逍遥的生活，把朝廷政务交给宰相李林甫、杨国忠，把边防军务交给安禄山。随着自身势力的增长，安禄山看到唐王朝内部的空虚腐败，于是野心膨胀，联合奚、契丹、室韦、突厥等共15万士兵，号称20万大军，在范阳（今北京西南）起兵。三天之后，安禄山的骑兵就已经攻入了东都洛阳。当安禄山起兵的消息传到唐玄宗耳朵里，他压根儿就不敢相信！他对安禄山赏赐不薄，安禄山也屡表忠心，还认杨贵妃为干娘，怎么说起兵就起兵呢？！可是，时间已经不允许这位当了四十多年皇帝的70岁老人想明白。眼下，打败叛军才是第一要务。

刚开始，唐玄宗过高地估计了唐朝军队的战斗力，也对战局的发展过于乐观。次年六月，他强令哥舒翰出兵，目标是收复陕州、洛州。哥舒翰率领20万大军出战，在今陕西、河南、山西三省交界处的灵宝被安禄山军队大败，几乎全军覆灭，哥舒翰自己也被俘虏，潼关失守。久经沙场、威武不屈、名震西陲的大将哥舒翰落下了晚节不保的恶名。其实，哥舒翰将大唐的武功推向了极盛，四海归心。“李唐重防秋，哥舒节陇右。浩气扶西倾，英名壮北斗。带刀夜夜行，牧马潜遁走。至今西陲人，歌咏偏（遍）童叟”。他被视为英雄，受到上至唐廷、下至妇孺的歌咏，《哥舒歌》中云：“北斗七星高，哥舒夜带刀。至今窥牧马，不敢过临洮。”可是，“军既败，翰引数百骑绝河还营，羸兵裁八千，至潼津，收散卒复守关”。这意味着什么？潼关号称长安的东大门。

潼关陷落，长安失去屏障，唐玄宗特别震惊。他再不跑，就有被杀头的危险。六月十三日唐玄宗带领部分家眷逃离长安，在队伍达马嵬驿时，皇帝的扈从部队发动了兵变，他们认为杨贵妃的堂哥宰相杨国忠是导致这次叛乱的罪魁祸首。愤怒的士兵还迫使唐玄宗处死杨贵妃，万般无奈之下，杨贵妃被赐了三尺白绫，上吊自杀。后来的史书编纂者渲染杨贵妃是败坏朝政的祸水，意在为唐玄宗开脱，其实形势发展到这一步，该承担责任的人是皇帝唐玄宗。他年事已高，在爱妃被杀的刺激之下，一蹶不振，匆匆逃往了四川避难。

太子李亨看到这一切，心里明白父亲大势已去，便与父皇分道扬镳。756年七月，在西逃的过程中，太子李亨奔向朔方节度使所在地灵武（今宁夏灵武西南），在这里他冲着父亲所在的西南方叩首一拜，遥尊唐玄宗为太上皇。接过了父亲的权位，并且改元至德，是为唐肃宗——唐朝的第7位皇帝。

两位皇帝都在西逃的路上，前方军队却传来好消息。郭子仪、李光弼所率领的军队从河北赶赴灵武，胜利会合，形势有了明显的转机。难道是谁伸出了援助之手吗？

平定安史叛乱的形势出现转机，得从敌我双方来分析。首先，从敌人内部来说，叛军内部明争暗斗，安庆绪杀死父亲安禄山，抢得皇帝宝座，却只知纵酒享乐。唐军乘机反攻，收复沦陷一年多的长安，继而收复洛阳。

其次，回纥的首领葛勒可汗遣使来到灵武，史书上用了5个字来表达，“请助国讨贼”。也就是要帮忙收拾安史之乱的叛军。于是，唐肃宗派敦煌王李承寀等人前往回纥，具体商谈请回纥兵帮忙平叛的事宜。李承寀一行刚到回纥，葛勒可汗就将自己的女儿嫁给了李承寀。史书记载稍有差异，《新唐书》说是“以可敦妹为女，妻承寀”;《旧唐书》记载为葛勒可汗之女。参考其他文献，我认为可汗女儿的可能性大。两人完婚之后，葛勒可汗派人随李承寀来拜见唐肃宗，请求与唐和亲。看到葛勒可汗又是嫁女又是求婚，唐肃宗很高兴。当即将葛勒可汗的女儿封为毗伽公主，对于回纥使者，唐肃宗盛情款待。

女儿被封为大唐公主，葛勒可汗非常高兴，他亲自率领回纥兵千里迢迢赶赴朔方助唐平叛。十二月，这些回纥骑兵与郭子仪的朔方军一起，一举击破安禄山的军队。从此，河曲之地平定下来。郭子仪见这些回纥骑兵个个英勇善战，就建议唐肃宗再向回纥多借些兵。唐肃宗遂提拔李承寀为宗正卿，并授开府仪同三司，册封葛勒可汗之女、毗伽公主为敦煌王妃，然后派人向回纥借兵。唐肃宗也让自己的儿子、天下兵马元帅广平王李俶（宁国公主的哥哥，后为唐代宗李豫）与葛勒可汗的儿子（太子叶护）歃血为盟，结为异族兄弟。

757年九月十二日，唐朝太子李俶率领朔方诸道唐军及回纥、西域来援之军共15万，从凤翔出发讨伐叛军。当大首领达干等率回纥兵到达扶风之时，郭子仪准备先犒赏他们三日再出兵。回纥太子慷慨请战：“国家有急，远来相助，何暇食为？”

九月二十七日，讨伐大军到达长安城西。虽然回纥军此战只是作为机动部队，但是却立了大功。原来，安史叛军皆是经验丰富的职业军人，通晓作战之道。他们见唐军人多势众，就预先埋伏精兵，准备等唐军过后出其不意从后偷袭，以便乱中取胜。他们的这一阴谋被唐朝朔方军左厢兵马使仆固怀恩探知，马上率领回纥骑兵扑去。早就摩拳擦掌的回纥兵犹如猛虎下山，将埋伏在那里的叛军全部消灭。

安史叛军偷鸡不成反蚀一把米，锐气大减。唐朝军队与回纥兵两面夹击，双方从午时杀到夜幕降临，叛军中有六万余人被杀，一万多人被践踏至死或被摔死于沟堑，场面非常惨烈。大败之下，安史叛军弃城而逃。9 月 28 日，唐大军进入长安，长安由此收复。

收复长安后是不是应该答谢回纥呢？采用什么形式来答谢呢？（回纥为什么心甘情愿援助大唐呢？）

## 回纥迎娶大唐公主

葛勒可汗的儿子太子叶护在唐朝收复两京的战斗中立下大功，唐肃宗命令百官在长乐驿迎接，并在宣政殿设宴款待。太子则回奏："回纥战兵，留在沙苑，今且须归灵夏取马，更收范阳，讨除残贼。"这句话的意思是说，我愿意继续领兵助唐，一鼓作气荡平叛军老巢。唐肃宗非常欣慰，称赞回纥太子："万里绝域，一德同心，求之古今，所未闻也。"肃宗还高度评价了叶护的领军才能，为万人之敌，所以封他为司空、忠义王，位列诸蕃之长，以表彰他在短短的20天的时间内收复了长安与洛阳。“奋其智谋，讨彼凶逆，一鼓作气，万里摧锋，二旬之间，两京克定”。另外，为感谢回纥对唐朝的大力支援，唐朝政府答应每年向回纥送绢二万匹，以示犒劳。

本来，唐与回纥是中原王朝与边疆蕃国的关系，可是一场安史之乱让一切都变了样，关系变得很微妙。比如，葛勒可汗率回纥骑兵与郭子仪所部朔方军相会于呼延谷时，他自视其强，一定要郭子仪先拜见狼纛，狼纛是回纥的族徽，也是最高权力的象征。郭子仪作为大唐重臣，拜见回纥族徽，似有不妥，但郭子仪只好照办，因为要仰仗人家出力帮你平叛！回纥使者葛罗支到彭原拜见唐肃宗，史书记载说他“耻班下”，意思是不愿意像其他使臣一样站列于台下，唐肃宗只好让他上台来见。在获得这些非同一般的礼遇殊荣之后，葛勒可汗才派大将军多揽来朝，遣太子叶护领兵前来助阵。连大唐皇帝都得看回纥的眼色，想方设法地让他们开心。

虽然史书上缺乏更为明确的记载回纥葛勒可汗的目的，但我们还是不难推测，他当初主动以自己的女儿嫁给敦煌王李承寀，并且那么爽快地答应助唐平叛，后来或亲自领兵，或屡遣大将帮助唐朝，甚至连太子也被派上了前线。葛勒可汗所做的，当然不仅仅是为了要点赏赐，其实从一开始，葛勒可汗与唐朝是有约定的，回纥派兵是有条件的。条件之一，就是要迎娶大唐公主，与唐朝联姻，借此次出兵与和亲来提升自己在北方特别是在原铁勒诸部中的地位，以进一步巩固政权，成为草原真正的霸主。

在《旧唐书》中，我们看到有这样的记载，当李承寀一行到了葛勒可汗牙帐，“可汗以女嫁于承寀，请和亲，封回纥公主为毗伽公主”。这段话虽然语焉不详，但也道破了天机。当初可汗是以迎娶大唐公主作为出兵助唐的首要条件，只不过考虑到当时叛军的嚣张气焰及全国的形势，唐肃宗又刚刚登基，送公主出塞和亲，无论从哪个方面讲，都有些仓促，只能是先平叛、再和亲。唐肃宗封回纥的公主为毗伽公主，等于是对这一约定的承认。所以，在回纥帮助唐朝收复两京后，和亲之事被再一次提上议事日程。唐朝朝廷当然也没有理由再拖下去，758 年，回纥又派人来请婚，到了秋天，唐肃宗便令自己的第二个女儿宁国公主嫁给回纥葛勒可汗。为什么要选宁国公主呢?

根据《新唐书》记载，才貌双全的宁国公主先嫁给了郑巽，不久守寡，后又嫁给薛康衡，薛康衡也是英年早逝。当安史叛军攻陷长安时，宁国公主根本无力逃出长安。眼看宁国公主要落入叛军之手，这时正准备出逃的宁国公主的妹妹和政公主一路狂奔到宁国公主府，她用尽全力将姐姐扶到马背上，绝尘而去。在逃难的路上，和政公主对姐姐照顾有加，姐姐骑在马上，自己则与丈夫在后面走，为了躲避乱军，有时一天要走上百里的路。一路上，和政公主的丈夫柳潭打水捡柴，和政公主烧水煮饭，宁国公主没有遭太多的罪。

唐肃宗在《封宁国公主制》中说得很清楚，安史之乱以来，国家危难，回纥特表忠诚，且“骨肉之爱，人情所钟……但上缘社稷，下为黎元，遂抑深慈，为国大计”。(《唐大诏令集》卷 42）从这份诏书中，我们不难看出“骨肉之爱，人情所钟”，唐肃宗作为父亲对宁国公主的那份难舍难分之情。朝廷上下对这次和亲相当重视，期盼和亲的效果尽快实现。

由皇帝的亲生女儿承担和亲任务是在比较特殊的情况下进行的，是双方政权为了达到各自的政治目的所采取的一种手段。说白了，回纥在平定安史之乱中立下了汗马功劳，而安史之乱还在继续，要想彻底平定叛乱，必须再借回纥之兵。所以，万般无奈的唐肃宗不得不加重和亲的砝码，派出自己的亲生女儿。

唐肃宗有 7 个女儿，为什么偏偏要选中宁国公主和亲呢？因为在唐肃宗的 7 个女儿中，大的已经出嫁，小的年龄又太小，宁国公主当时二十多岁，年龄正好差不多。另外一个原因，她的婚姻状况是单身，正好守寡在家，宁国公主曾经前后嫁了两个男人，两度守寡，现在又要出塞和亲，她的人生该走向何处呢？为什么陪嫁的姑娘也被封为宁国公主？为什么大、小宁国公主会有别样的人生呢？真实的历史故事比文人笔下的剧本更加离奇、更加令人唏嘘。

第十七讲

# 差点儿殉葬的宁国公主

2015 年，在俄罗斯西伯利亚南部，发现了一座古城遗址。这座古城遗址名字叫博尔巴任，面积约 40000 平方米。遗址上有方形的地基、成对的楼梯还有残留的立梁结构，其中屋顶的雕花、陶瓦的图案等非常具有唐代建筑的特色。有意思的是，红陶浮雕的雕花在唐代属于象征吉祥的图案，在这里也有发现。这个地方在历史上曾经被回纥人占领，而回纥人所留的文字资料比较少，遗址的由来成了一个谜。它的主人会是谁呢？

专家推测，这个遗址的级别特别高，很可能是远嫁回纥的唐代宁国公主的行宫。一千多年前，大唐与回纥和亲，送出了唐代和亲史上第一位皇帝的亲闺女——唐肃宗的女儿宁国公主。宁国公主带着千般不舍远嫁回纥，她的人生际遇如何呢？她出嫁时，除了庞大的送亲队伍，还特意带了一个妹妹，这个妹妹不是此前救她的亲妹妹和政公主，而是荣王李琬的女儿，她是以“媵”的身份陪嫁。这样姐妹俩在异域他乡也互相有个照应，姐妹俩的人生注定紧紧地联系在一起。这位陪嫁姑娘后来被称为小宁国公主，大、小两位宁国公主在回纥度过了怎样的生活呢？

## 又见礼仪之争

公主出嫁，当然马虎不得，唐肃宗派出了庞大的送亲队伍，由汉中郡王李瑀担任送亲使。浩浩荡荡的送亲队伍经过长途跋涉来到回纥。在大家满心欢喜地准备举行婚礼的时候，却发现新郎官毗伽阙可汗的态度令人玩味。

毗伽阙可汗是回纥的第二任可汗，也称为“葛勒可汗”“怀仁可汗”“英义可汗”等。结婚是大事，但毗伽阙可汗并没有重视这个事情，前来报信的使者告诉他，宁国公主一行马上就要到达时，毗伽阙可汗换了新衣服、戴了新帽子，史书中记载为“衣赭黄袍、胡帽，坐于帐中榻上”。

新郎官换上新衣服、戴上新帽子是应该的，毕竟结婚是人生大事。但他坐在榻上，同时也提到了四个字“仪卫甚盛”，摆出这么大的架势给谁看呢？唐朝送亲使李瑀一看新郎官桀骜不驯的样子，心里很不满，就站着不动。

毗伽阙可汗问李瑀：“君臣有礼，你为什么不行拜见之礼呢？”李瑀义正词严地回答道：“唐朝天子是因为可汗您有功，才答应将女儿嫁给可汗，以前的和亲公主皆为宗室女，只是名为公主而已。今天宁国公主身份大不一样，是皇帝的亲闺女，有才有貌，不远万里嫁给您。可汗您可是唐朝天子的女婿啊！应该按照我大唐的礼数行礼，岂能坐在榻上接受册命呢？”听李瑀这么一说，毗伽阙可汗才不情愿地起身，接受了李瑀呈上来的皇帝册命。

毗伽阙可汗之所以有这样的傲慢态度，一方面是想给唐朝使者下马威，另一方面还是要坚持回纥的礼仪。接待仪式上的冲突，期间肯定会有双方的斡旋，史书之所以留下这些细节，无非是想表扬李瑀坚持中原礼仪的做法，算是为当时处于弱势的大唐找回了一些残留的自尊。

无独有偶，后来唐宪宗的女儿太和公主也嫁了过来，这时回纥已经改名为回鹘。当公主一行到达漠南时，回鹘使者要求太和公主换下中原的衣服，换上回鹘民族的衣服。人还没嫁过去，为什么要早早换上对方民族的衣服呢？显然，不符合中原的礼仪。当时，唐朝的送亲使是胡证，胡证也像前辈李瑀一样，“守汉仪，黜夷法”，坚持按照中原的习俗完成了婚礼仪式。

这两个例子的焦点集中于礼仪方面，但是礼仪之争向来是文化之争，是中原文化和回纥文化这两种文化的碰撞。在和亲的场合，到底该行何种礼仪？是以中原礼仪主导回纥礼仪，还是以回纥礼仪主导中原礼仪？其实，两种争端也不单单是礼仪上的争端，更是国力强弱的反映。

婚礼结束后，宁国公主开始了在异域他乡的生活。一般来说，在习俗方面，和亲公主所嫁民族的生活习惯、风土民情与其家乡有较大的差异。远离故土，难免会有不适应，那么宁国公主的第三任丈夫毗伽阙可汗对她怎么样呢？

根据《旧唐书》的记载，宁国公主与可汗结婚的第二天，便被册封为“可敦”，可敦就是正妻的意思。毗伽阙可汗还难掩得意之情，原话是这样说的：“唐国天子贵重，将真女来。”估计连他自己也没想到，能有幸娶到皇帝的“真女”，也就是皇帝的亲闺女，这在中国古代和亲史上堪称首例。送亲使李瑀所赠送给回纥的衣服与金银器皿十分贵重，毗伽阙可汗非常高兴地将这些礼物分给各级官员。等到李瑀打道回府时，可汗还赠送了回纥的汗血宝马 500 匹以及民族特产貂裘等物品。

毗伽阙可汗对宁国公主好不好呢？如果之前所说的在俄罗斯发现的唐代风格的行宫确实是宁国公主行宫的话，可汗对宁国公主的照顾还算可以。宁国公主被毗伽阙可汗封为正妻，我想，一方面，可汗娶了真正的公主，应该是比较珍惜的；另一方面，这是宁国公主的第三次婚姻，她本人希望这是人生的最后归宿。但是，上天对于命运多舛的宁国公主似乎格外冷酷。宁国公主嫁到回纥还不到一年的时间，乾元二年（759 年）四月，毗伽阙可汗就去世了。

第三任丈夫的去世，对宁国公主来说又是一次致命的打击。年纪轻轻，三度守寡，这种精神上的伤痛可想而知！可汗去世的消息传到唐朝，唐肃宗也非常惊讶，他派出了左金吾卫将军李通前去吊唁。然而，宁国公主不仅要承受丧夫之痛，还要面临性命堪忧的局面。这是怎么回事呢？

按照回纥人的习俗，可汗的妻子是要殉葬的。史书上这样记载："毗伽阙可汗初死，其牙官、都督等欲以宁国公主殉葬。"当时，有回纥人对宁国公主说："你现在是回纥的可敦，入乡随俗，你得按我们的风俗去殉葬！"生命只有一次，哪能说死就死？宁国公主贵为大唐的公主，大胆果决，哪里肯去殉葬，她说："随俗也要看哪个风俗先进、哪个风俗落后！你们本来仰慕大唐的风俗，才把我娶过来，要是你们的风俗先进，何必不远万里与大唐结亲呢？"但是，可汗身边的人哪肯轻易放过她呢？宁国公主急中生智，只好按照回纥的风俗，选择了一个折中的办法，史书上记载为"剺面大哭"。[1]

剺面是怎么回事儿呢？剺面是北方游牧民族的一种风俗，通过以刀划面来达到表达送别、悲伤。与剺面相似的行为还有割耳，遇大忧、大丧或重大决定时，划伤耳朵表示悲痛不已和决心。前面我们讲过铁勒族的契苾何力在危急关头曾经割耳明志。宁国公主这时选择剺面，表达对可汗逝世的无比伤悲，这才终于为自己争取到了一条活路。

不久，宁国公主带着丧夫之痛，带着不堪言说的屈辱，跟随唐朝派来的吊祭使李通返回了长安。按理说，这桩和亲到此该告一段落了，但是真实的历史远比我们的想象更加曲折……

---

[1] 《旧唐书》卷 195《回纥传》。

# 小宁国公主的故事

宁国公主出嫁时，唐肃宗怕她孤单，选了一个陪嫁姑娘，这个姑娘是荣王李琬的女儿，也姓李，我们姑且叫她李氏。李氏以“媵”的身份与宁国公主一起来到了回纥。为什么要带一个陪嫁姑娘呢？新疆有一首民歌，叫《达坂城的姑娘》，歌词是这样的：“领着你的妹妹，带着你的嫁妆，赶着那马车来……”领着妹妹出嫁，可不是现代人调侃的“买一送一”，而是中国古代媵婚制的体现。媵婚制在殷商时代已经出现，是一种变相的一夫多妻制度，这种制度存在了很长时间，是有深层次的社会原因。通过姐妹共嫁一人或者男方死后再嫁男方家族的另外一人，这有利于维持家族遗产继承的安全性。

在宁国公主返回唐朝以后，陪嫁姑娘李氏却没能陪她回到长安，李氏被迫嫁给了新的回纥可汗。古代的游牧民族往往不太重视和亲公主的出身，所以荣王的女儿李氏也被正式封为“可敦”，被回纥人称为“小宁国公主”。

按照陪嫁姑娘的身份来说，小宁国公主随着宁国公主，第一次出嫁，嫁给了毗伽阙可汗，但是不久毗伽阙可汗去世，小宁国公主又嫁给了毗伽阙可汗的二儿子英义可汗，这次算是二嫁。因为与皇室、权力等因素纠缠在一起，小宁国公主作为陪嫁姑娘注定她未来的命运不会平静。后来，小宁国公主与英义可汗生了两个儿子。

好日子没过多久，780 年，英义可汗被天亲可汗杀死，小宁国公主与英义可汗的两个儿子也同时被杀。等到天亲可汗继位的时候，要是按照收继婚制度中“兄终弟及”的惯例，小宁国公主作为长嫂，应该再次嫁给天亲可汗。可是，小宁国公主自小在中原长大，深受中原文化的熏陶，不管是从礼法上，还是从情感上，她无论如何也接受不了自己将嫁给杀害丈夫和儿子的刽子手，她被迫迁居外地，打算孤独地度过余生。

当这一切发生的时候，距离她随姐姐宁国公主嫁到回纥已经 33 年了，作为一位陪嫁的和亲公主，小宁国公主虽然没有正式履行和亲的程序，但她仍然可以被视作和亲公主。791 年，小宁国公主病逝，陪嫁姑娘的人生也永远定格在了这一年。

消息传回长安，此时的唐朝皇帝是唐德宗，唐德宗深知小宁国公主对于国家的安定立下了大功，所以发布诏令辍朝三日，从官方的角度表达对于这位陪嫁的和亲公主的哀悼！

除了宁国公主和小宁国公主，还有一位女性值得我们关注，她就是唐朝领兵大将仆固怀恩的女儿。宁国公主和亲后，毗伽阙可汗又乘机为他的小儿子移地健（也称为登里可汗）向唐肃宗请婚。唐肃宗一看，国家的军事实力不强，关键时刻还得靠人家帮忙，所以想了一个折中的办法，以领兵大将仆固怀恩的女儿册封为公主，前往回纥和亲。在登里可汗继位之后，仆固怀恩的女儿也顺理成章地被封为可敦。宝应元年（762 年），唐肃宗去世。唐肃宗在位的 6 年里，唐娶回回纥一女，又连嫁三女给回纥，足见唐肃宗向回纥借兵的急迫心理，而回纥亦不负唐之所望，不断出兵援唐，先后助唐收复两京，平定安史余党。

唐肃宗死后，唐代宗李豫继位，这时回纥的登里可汗看到了唐朝的虚弱，密谋侵袭唐朝的关中地区。唐代宗知道消息后，马上派出仆固怀恩前往太原，让仆固怀恩会见女婿。还好，最终的谈判结果是可喜的，登里可汗答应帮助唐朝讨伐叛军。不久，仆固怀恩率领唐军与回纥的军队共同进攻，岳父与女婿精诚合作，攻打安史叛军，收复了洛阳，进而平定了河北地区。

安史之乱是开元、天宝时期政治腐败导致的后果，但平定安史之乱，与其说是中央政府平定叛乱，还不如说是以妥协的方式结束叛乱。国难当头，唐肃宗及其继任者唐代宗不得不积极平定叛乱，与回纥和亲，利用和亲招来回纥的援兵，唐肃宗命令广平王与回纥的太子互称兄弟，双方约定“长为兄弟之邦，永为舅甥之国”。[1]

和亲的效果也非常明显：唐军“得回纥，无不胜”，回纥军队在平叛过程中，特别是在收复两京时起到重要作用，使处于被动的唐军转危为安，最终取得胜利，所以唐人称“回纥于国家有救难之勋”。

唐代是历史上与周边民族和亲的高峰时期，重视发展同周边民族的关系。每次与回纥和亲，唐朝都会以回纥有功为理由。而从回纥的角度来说，通过和亲不仅可以获得大量财物，而且持续不断的绢马贸易能够带来丰厚的利润。从战略上来说，唐朝与回纥达到联合抵御吐蕃的目的，取得了双赢的效果。

宁国公主在丈夫死后剺面明志，小宁国公主继任姐姐成为可敦，这似乎是不可思议的事情，但每个民族都有自己长期积累的文化与风俗，当不同民族开始接触、交流时，就会发现对方的独特之处，也会不同程度地出现心理隔阂与文化碰撞。如果说宁国

---

[1] 参见《九姓回鹘可汗碑》，用汉文、突厥文、粟特文三种文字刻写，碑立于唐宪宗元和九年（814 年），位于今蒙古共和国境内。

公主、小宁国公主的故事已经比较离奇，还有更离奇的是咸安公主，她先后嫁给了两个姓氏、祖孙三代、四任可汗，这又是怎么回事呢？

第十八讲

# 嫁给祖孙三代的咸安公主

在一般人的观念中，女人多次嫁人并不是一件光彩的事情，尤其是在中国古代史后半期，宋明理学倡导的贞节观念深入人心，从一而终甚至誓死守节会受到官方的旌表。可是，在唐代有一位和亲公主一生嫁给了 4 个男人，而且这 4 个男人都曾担任过回纥的可汗，也因为她的出嫁，回纥正式改名为回鹘。在她嫁的这 4 个男人中，前三任丈夫是祖孙三代，最后一任丈夫是曾经的臣子。这样的婚姻经历，在中国和亲史上十分离奇。她是谁呢？

她就是唐德宗的亲生女儿——咸安公主。咸安公主是唐德宗的第八个女儿，贵为皇室的公主，为什么会有如此动荡而离奇的命运呢？这得从咸安公主所生活的时代说起。

## 内外交困的父皇

唐德宗即位时，已经进入了唐朝的后半期，国力衰弱，边境不宁。在北方，有桀骜不驯的回纥；在西边，有不断寇边的吐蕃。尤其是吐蕃，多次侵犯唐朝边境，这时候发生了一件“平凉劫盟”事件，使得大唐帝国一度陷入异常艰难的困境。

唐朝立国后，先后有文成公主、金城公主作为和亲公主嫁到吐蕃，双方也曾经保持了一定时间的和平，但是随着国力的变化、统治者的更替，双方的关系不再稳定。清水会盟发生在建中四年（783 年），唐朝与吐蕃互相表达了善意，签订了边界协定。在这次会盟中，正处于内乱的唐王朝被迫割让了被吐蕃占领的凤翔以西的地区。贞元三年（787 年）五月，大唐与吐蕃约定在平凉会盟，这是继清水会盟之后的第二次会盟。清水会盟中，双方已经约为兄弟之国，遇到战争要互相帮助，有重要情报要互相沟通。可是，4 年后的平凉会盟，没有达成任何协议，甚至发生了令唐德宗非常震惊、异常愤怒的事情。

在平凉会盟中，到了约定的日子，吐蕃军队不仅没有按照约定的程序进行会盟，反而攻击了前来会盟的唐朝军队，唐军毫无准备，损失很大，被吐蕃一举消灭了 1500 人。随后，吐蕃军还劫掠了邻近的州县。说好的“结盟”，怎么变成了“劫盟”呢？读音相同，一字之差，事情的性质截然相反！

看到这里，可能会觉得吐蕃不讲信用，约好的会盟，却单方面反悔，将好事变成了成了坏事。实际上，吐蕃这么做是在报复前仇，他们认为是唐德宗不讲信用在先。

4 年前，在清水会盟时，唐朝和吐蕃约定了双方的边界，两国终于迎来了久违的和平。但仅仅过了两个月，唐朝国内便爆发了“朱泚叛乱”，大批叛军在朱泚的率领下，长驱直入攻破长安，唐德宗一看形势不妙，狼狈逃往了奉天。在奉天，唐德宗与吐蕃的赞普商定，请求吐蕃军队帮忙，代价是割让北庭和伊西这两个州的土地并且每年向吐蕃缴纳丝织品一万匹。虽然这时候唐朝与吐蕃之间没有和亲，但吐蕃觉得两个月前签订的清水会盟很有诚意，尤其是先前谈好的经济补偿比较诱人，吐蕃答应了向唐朝派兵救援的请求。

第二年，吐蕃向大唐派出了援军，虽然吐蕃没有出动正规军，仅出动两万偏师，但这支偏师的战斗力非常强，与唐军联手击破了朱泚的叛军，战斗在武功取得胜利，称为武功大捷。武功大捷后，吐蕃方面认为，单靠唐军自己的力量可以轻松剿平叛军的残部所以吐蕃就先行撤军了。

按照先前的约定，唐朝政府应该向吐蕃割让土地表示感谢，但是唐朝君臣一见危机已过，便决意反悔。唐德宗便以吐蕃军队并未全程参与平乱为借口，拒绝交付北庭和伊西这两个州。唐德宗不守信用，吐蕃赞普大为恼火，所以第二次约定结盟时，心里已经有了小算盘，他们假借结盟之名，实行劫掠，使得“平凉结盟”变成了“平凉劫盟”。

事情发生后，吐蕃军队很快侵入了唐朝的领地邠州。听到这个消息，把唐德宗吓得够呛，又一次准备逃出长安躲避，还好，这次被群臣劝阻住了。从这件事情我们可以看出，吐蕃之所以搞“劫盟”这种小人行为，主要是因为之前被大唐戏弄，气急之下“以其人之道还治其人之身”，用同样不讲信用的手段对唐朝开展针锋相对的报复。

恰在这时，回纥趁着唐朝大乱再次请求和亲，回纥果真缺一个女人吗？当然不是，这只是表明一个态度，唐朝可以和我结盟共同打败吐蕃。因为此前回纥借助与大唐的和亲，已经得到了不少好处。而现在回纥和吐蕃，一个要女人，一个要抢地盘，国土的北边和西边两头吃紧，唐德宗很头疼。

一开始，唐德宗压根儿没打算再与回纥和亲，而且非常厌恶和亲，为什么呢？这与他做太子时的遭遇有关。

762 年十月，作为天下兵马大元帅、雍王的李适（也就是后来的唐德宗）与仆固怀恩领军赴陕州，准备与回纥联手讨伐史朝义的叛军。一到回纥军的驻地，李适就带着药子昂、魏琚、韦少华等随从去拜见回纥的登里可汗。谁知刚一见面，登里可汗就责怪李适不肯向他下跪，对他礼数不周。登里可汗当然是在借题发挥，摆摆他的威风羞辱大唐。药子昂解释说：“雍王是唐肃宗的嫡孙，现在肃宗和皇后刚刚过世，雍王有孝在身，不宜下跪。”回纥宰相车鼻将军气势汹汹地说："唐朝天子与登里可汗约为兄弟，现在的可汗就是雍王的叔父，叔侄之间是有礼数的，应该下跪。"药子昂进一步解释："李适是太子，太子也就是储君，岂有中原的储君向回纥的可汗行礼的道理？"

说不过药子昂，恼羞成怒的车鼻将军下令将药子昂、韦少华、魏琚等人捆起来，每个人被重重打了一百锤。一百锤可不是闹着玩的！结果，韦少华、魏琚被活活打死，药子昂躺在床上多日才勉强爬起来。著名诗人杜甫写了一首诗，诗的名字叫《遣愤》，诗中写道"莫令鞭血地，再湿汉臣衣"，说的正是这件事。这件事在年纪轻轻的雍王心中留下了挥之不去的阴影。

"平凉劫盟"发生后，雍王已经登基，成为了唐德宗。吐蕃咄咄逼人，焦头烂额的唐德宗两相权衡，觉得跟吐蕃的关系闹掰了，必须得联合回纥，所以他强忍着对回纥的厌恶，同意了和亲。再加上前几次和亲，回纥也确实帮助唐朝打败了叛军，于情于理也应该答应。那么，应该选哪个姑娘承担和亲任务呢？

自从唐肃宗的女儿宁国公主嫁到回纥后，回纥的期待值也变高了，和亲一定要选皇帝的亲生女儿，这样他们觉得砝码重一些，诚意足一些，当然反悔的代价也高一些。面对回纥的和亲请求，唐德宗想到了自己的亲生女儿咸安公主。

咸安公主的母亲是谁，史书记载不详，应该是普通的宫人所生。虽然不是皇后所生，但也是皇帝的亲生骨肉，是名副其实的正牌公主。唐德宗让咸安公主嫁到回纥，以借助回纥的力量牵制吐蕃，达到"以夷制夷"的效果。所以说，咸安公主远嫁回纥，是唐德宗没有办法的办法，不得以让女儿远赴大漠。

## 为父解忧

咸安公主嫁到回纥，要嫁的人是回纥的武义成功可汗，简称为武义可汗。当听说唐德宗同意和亲后，武义可汗很是激动，马上“使使者献方物”。方物，是指地方的土特产。可见武义可汗非常有诚意。唐德宗命令画师画了一幅咸安公主的画像，“赍公主画图，赐可汗”(《新唐书》)。从这些表象来看，回纥可汗的诚意，咸安公主的画像，似乎是这段传奇婚姻的良好开端。

贞元四年（788 年）十月，回纥宰相率领一千多人抵达长安，准备迎接咸安公主。武义可汗在《答谢书》中对唐德宗这样表态：“昔为兄弟，今婿，半子也。陛下若患西戎，子请以兵除之。”意思是说，以前我们是兄弟，现在我成了您的女婿，一个女婿半个儿，父亲大人如果要除掉吐蕃，儿臣必将请兵派将！”唐德宗看了这封答谢书，喜悦之情溢于言表，马上册封武义可汗为“长寿天亲毗伽可汗”，赐封自己的女儿咸安公主为“智惠端正长寿孝顺可敦”。武义可汗还诚恳地请求唐德宗改回纥之名为回鹘，鹘是一种自由翱翔的鸟，意思是要向天上的鹘鸟一样捷报频传。从此以后，回纥正式改名为回鹘。

然而，一年后，即贞元五年（789 年）十二月，武义可汗病逝，他的儿子忠贞可汗继立。北方游牧民族中有一个奇特的婚姻习俗，叫“收继婚”制度。收继婚的原则是“父兄伯叔死，子弟及侄等妻其后母”(《通典》)。这句话是说父亲死了，儿子可以娶后母为妻；哥哥死了，他的兄弟可以娶嫂子为妻，甚至子侄也可以参与进来。当然，从现在文明社会的法则来说，这种制度有些不可思议，甚至违背了人伦。但是咸安公主必须入乡随俗，按照收继婚制度的做法，咸安公主又与武义可汗的儿子忠贞可汗结为夫妻。

噩耗接踵而至。一年后，忠贞可汗被毒死，忠贞可汗的儿子奉诚可汗继立。按照收继婚的风俗，咸安公主又被奉诚可汗娶为妻子。5 年后，奉诚可汗去世，因为奉诚可汗没有儿子，宰相骨咄禄被大唐册立为怀信可汗，就这样，咸安公主第四次换了丈夫。

对于咸安公主的 4 次婚姻变故，冰冷的史书不会过多地关注个人的命运，只会进行简单描述。《新唐书·回纥传》记载咸安公主“历四可汗”，《唐会要》称四人“皆从胡法，继尚公主”。在官方轻描淡写的背后，却是一个女人难以言说的人生际遇。

从贞元四年到贞元十一年，7 年的时间内，咸安公主先后嫁给了武义可汗（即长寿天亲可汗）、忠贞可汗（长寿天亲可汗之子）、奉诚可汗（忠贞可汗之子）、怀信可汗，并创下了汉族公主历嫁两个姓氏、三个辈分、四任可汗的历史记录。其中的酸楚和尴尬，不仅仅是史书上的一笔，也是一个女人不可言说的传奇遭遇。作为金枝玉叶的大唐公主，咸安公主内心的苦楚我们可以想象，但是远在异域他乡，又有谁会理解她、帮助她呢？无人关怀的酸楚与艰辛，唯有独自垂泪罢了。

咸安公主为了替父分忧，为了边境安宁，为了臣民安居，被迫牺牲自己的青春和爱情，被迫冲破汉族女子的婚姻习俗，这种委曲求全的精神，着实让人敬佩，当然这也是和亲公主的身份决定了她身不由己的无奈。

# 咸安公主的功劳

咸安公主嫁到回鹘后，对于回鹘和大唐的关系起到了立竿见影的效果。事实上，咸安公主也确实不辱使命，此次和亲不仅使唐朝争取到了回鹘这个彪悍善战的“亲密战友”，同时也扭转了一百多年来唐朝与吐蕃交战失利的被动局面。

贞元七年（791 年），吐蕃再次侵犯唐朝边境时，回鹘军队不仅帮助唐朝夺回了北庭都护府，还使得吐蕃遭到了空前的失败。从这以后，回鹘又多次挫败吐蕃，吐蕃的势力逐步衰落，再也无力对唐朝发动大规模的进攻。从战略实效上来看，咸安公主无疑是对唐朝功劳最大的和亲公主。

咸安公主对于维护唐朝和回鹘的贸易也功不可没。回鹘自恃帮助唐朝平定叛乱有功，长期扰乱市场的正常交易，史书记载：“（回鹘）屡遣使以马和市缯帛，仍岁来市，以马一匹易绢四十匹。”回鹘的马匹价格明显高于市场上的正常价格。回鹘人还有些贪得无厌，每次交易“动（辄）至数万马”，唐朝在这样的不公平交易中非常被动，常常是“得马无用”，相当于白送绢帛。回鹘马成为唐朝财政上的沉重负担，以至于朝廷有苦难言。

后来，在咸安公主的斡旋下，回鹘马的价格终于降了下来，绢马交易趋于公平。大诗人白居易，写了一首诗来称赞咸安公主，这首诗叫《阴山道》：“咸安公主号可敦，远为可汗频奏论。元和二年下新敕，内出金帛酬马直。”说的就是咸安公主身为回鹘可汗的可敦（妻子），屡次向可汗提建议，终于在元和二年（807 年），金帛和马的汇兑价格才趋于一致，这是咸安公主的功劳。诗的最后两句比较直白："缣渐好，马渐多。"双方达到了双赢的效果。

咸安公主先后经历了三次"收继婚"风俗的磨砺，可以说，她把自己的余生奉献在了回鹘，这是她的和亲身份使然。元和三年（808 年）二月，在回鹘生活了 21 年的咸安公主去世。

咸安公主去世后，当时的唐朝皇帝已是唐宪宗，唐宪宗是咸安公主的侄子。宪宗决定"辍朝三日"以表达对姑姑的哀悼，并且册封她为燕国大长公主，谥号襄穆，所以咸安公主又称燕国襄穆公主。咸安公主去世后，白居易奉命书写诔文，白居易写道："礼从出降，义重和亲。承渥泽于三朝，播芳猷于九姓。"白居易充分肯定了咸安公主的贡献，历经三朝可汗，把芳绩与恩泽播撒于边疆。同时，白居易也提到了回鹘的收继婚确实属于特殊风俗，"殊俗保和，实赖肃雍之德"（《祭咸安公主文》），从中原礼法的角度来看，回鹘的收继婚是"殊俗"，如此奇特的风俗，咸安公主能够隐忍先后四嫁，全都仰赖公主自身的肃雍之德。

在唐朝之前，也有汉族公主历嫁两辈或者数位可汗的例子。西汉的细君公主先后嫁给两任乌孙国王，解忧公主先后嫁给三任乌孙国王。隋朝的义成公主，先后嫁给启民可汗以及启民可汗的三个儿子共四任突厥可汗。与这些公主不同的是，咸安公主的身份要高很多，是皇帝的亲生女儿。咸安公主死后葬于回鹘，也是唐朝唯一一位没有叶落归根的皇帝亲生公主。

唐时期的中国，拥有广袤疆域，必然会面临一个无法回避的难题，即游牧民族与农耕民族的冲突与融合。在帝国强盛的时候，尚能将冲突压制在平衡状态下，但帝国一旦衰弱，一些宗室女乃至公主就无法避免地接受和亲的命运。作为皇帝的唐德宗，看到自己的亲生女儿前往和亲，也是万般无奈，希望能够凭借和亲这层关系缓解帝国的边境压力。

和亲公主作为防止边疆战争的交易筹码，没有享受到皇室带来的优渥生活，反而不得不背负着保家卫国的使命，在丈夫死亡后，她们要再一次成为牺牲品，成为权力更替的符号。这个宿命，哪怕是尊贵的公主也不能避免。咸安公主要与祖孙三代成亲，并且还要接受曾经的臣子娶了自己的残酷现实，帝国的短暂和平才能够勉强维持下去，咸安公主可谓是居功至伟。

如果说 4 次出嫁的咸安公主已经足够使我们震惊，那么还有一位唐朝的和亲公主创造了 5 次出嫁的记录，她是谁呢？说来关系不远，她就是咸安公主的侄女太和公主。太和公主先后五次嫁给回鹘的可汗，这是为什么呢？难道她也要重复姑姑的悲剧吗？是什么原因让和亲公主的命运与悲情联系在一起呢？

第十九讲

# 五次出嫁的太和公主

808 年，咸安公主去世后，回鹘多次向唐朝请婚，打算再续前缘。咸安公主在回鹘先后嫁给四位可汗的故事，是不同寻常的悲惨经历；再加上回鹘的部分商人、僧人屡次在长安城闹事，回鹘人的傲慢给长安城的治安带来了困扰，连皇帝都得忍气吞声。此时的回鹘，已经开始走下坡路，国力大不如前，综合考虑各种因素后，唐朝皇帝并不乐意再次和亲。直到元和末年，唐宪宗感到西部和北部的边境关系再次紧张，决定先稳住回鹘再说，于是答应了他们的请婚。可是不久，唐宪宗驾崩，和亲也不了了之。

每到唐朝的皇帝更替，周边政权就会展开新一轮的外交攻势，和亲作为重头戏屡屡上演。唐宪宗驾崩后，唐穆宗刚刚上台，回鹘的保义可汗就来了，不为别的，为请婚而来。唐朝的公主们个个都在祈祷，千万不要被选中，但祈祷归祈祷，此前已经有了皇帝亲生女儿和亲的先例，把回鹘可汗的期待值调高了，这次也必须选个真正的公主。

## 阴差阳错的选择

在元和末年，唐宪宗曾经答应将永安公主许配给回鹘的保义可汗，永安公主是唐宪宗的亲生女儿。说来，永安公主也算幸运，回鹘的彩礼还没准备好，准新郎官保义可汗就去世了。保义可汗死后，他的儿子被册封为崇德可汗，崇德可汗对于父亲未迎娶到大唐公主念念不忘，也派人来请婚。

唐朝这边，皇帝更换非常频繁，唐宪宗死得不明不白，有说法是被毒死的，他的第三个儿子李恒登基，也就是唐穆宗。穆宗觉得永安公主本来是许配给保义可汗的，如果再嫁给崇德可汗面子上不太好看，反正公主也多，那就换一个吧，于是换成了自己的妹妹太和公主。太和公主和永安公主一样，也是唐宪宗的女儿，母亲是谁史书没有记载。

唐穆宗对和亲之事相当重视，专门为太和公主设置了公主府及官署，将来为公主服务。要知道在唐朝历史上，公主开府的先例并不多见，武则天的女儿太平公主权倾一时，曾经开过府。唐穆宗为太和公主所设立的官府级别比较高，按照亲王的标准设立，并且铸造了太和公主府的印章。之所以这么做，一是重视和亲公主的身份，二是为唐朝与回鹘的交往提供方便。

太和公主出嫁的那一天，唐穆宗亲自护送到长安城的通化门，百官列队送行，皇帝示意文人们现场作诗，纪念公主的远行。在这送行的人群中，原先被选中和亲的永安公主也来了，看到自己的姐姐坐在迎亲的轿子里，永安公主的心里五味杂陈。不知是欣喜还是忧愁，也不知是终于逃脱了和亲的命运应该庆幸，还是看透了人生的百转千回，永安公主下定决心，出家修行、远离红尘俗世的是是非非。姐姐出嫁后不久，永安公主做起了清静无为的女道士。

太和公主要远嫁回鹘，唐穆宗安排左金吾卫将军胡证担任送亲使，负责把太和公主安全地送到婆家，并代表官方出席崇德可汗与太和公主的婚礼仪式。崇德可汗是个心急的人，在太和公主还没有到达他的牙帐时，他就想看看公主长什么样子。但唐朝的送亲使胡证坚决不同意，因为按照中原的礼法，这是明媒正娶的新娘，必须举行隆重的仪式之后才能见面。崇德可汗遭到胡证的一再阻拦，这才作罢。

太和公主到达回鹘，在崇德可汗的牙帐内举行了隆重的迎接仪式。崇德可汗示意太和公主穿上回鹘的民族服装，接受群臣的拜谒。婚礼过后，胡证将要启程回国时，太和公主依依不舍，忍不住失声痛哭。可以想见，在太和公主的心里，有太多对家乡与亲人的眷恋。

## 婚姻动荡、惨被劫持

婚礼举行过后，太和公主开始了她在回鹘的生活。但是好景不长，崇德可汗和太和公主结婚还不到三年，长庆四年（824年），崇德可汗去世，太和公主被迫守寡。第二年，崇德可汗的弟弟昭礼可汗继位，按照收继婚的习俗，太和公主又嫁给了昭礼可汗。这时中原的皇帝是唐敬宗，为了表达对太和公主的关心，唐敬宗派人来看望她，带了满满 12 车的礼物以及一部分书籍，送给了太和公主。

太和公主与昭礼可汗过了 7 年相对太平的日子，835 年，倒霉的昭礼可汗被部下所杀。昭礼可汗死后，他的侄子继位，被封为彰信可汗。按照回鹘的风俗，太和公主又嫁给了彰信可汗。到此为止，太和公主已经嫁给了三任丈夫，这时唐朝的皇帝是唐文宗。此前都是娘家送来东西表达慰问，“来而不往非礼也”，这回太和公主让人给唐朝皇帝送来了礼物：包括马射女子 7 人、沙陀小儿 2 人。这些人都有特殊技艺，擅长表演，太和公主把他们作为礼物送给唐文宗，供他欣赏娱乐。

四年之后，回鹘的宰相掘罗勿荐公起兵进攻彰信可汗，彰信可汗兵败自杀，掘罗勿荐公自称为可汗。已经三次守寡的太和公主又嫁给了掘罗勿荐公。这是不是强娶呢？当然是，掘罗勿荐公是太和公主的杀夫仇人，公主一定恨极了他，但掘罗勿荐公一定要娶公主，这与兄终弟及、父死子继的收继婚传统有关，但又不完全相同，他不仅夺权，还要夺得前任可汗的女人，这象征着对前朝政权全面颠覆。到目前来看，太和公主的婚姻像她的姑姑咸安公主一样，已经四次出嫁。可是，生命没有停止，更大的不幸在等待着这个弱女子……

掘罗勿荐公与太和公主的婚姻很短暂，不到一年的时间，回鹘名将名末录贺带兵进攻掘罗勿荐公，掘罗勿荐公被杀，强盛一时的回鹘汗国在仓促之中走向灭亡。太和公主的第二任丈夫昭礼可汗有一个弟弟叫乌介，乌介率领残余的部落南迁到唐朝的边境错子山（今蒙古国南部），并且在混战中自立为可汗，史称乌介可汗。乌介可汗带领着回鹘残部西逃，太和公主也在内。西逃过程中，太和公主被另外一个政权黠戛斯的军队俘虏，被迫当起了人质。

太和公主当人质的消息传入大唐，上下震惊！这时的唐朝皇帝是唐武宗，宰相是李德裕。李德裕向唐武宗提出建议："回鹘动乱，不知太和公主流落何处，不如派人前往查找。"武宗听从了李德裕的建议，但情报工作并没有跟上，寻找只限定在了回鹘疆域之内，当然没有找到已经西逃的太和公主。

太和公主在被劫持的日子里，过得异常艰难。巧合的是，抓住太和公主的黠戛斯的将领叫阿热，这个人以汉朝大将军李陵的后代自居，李陵就是汉代号称"飞将军"的李广之孙，而太和公主恰是李氏皇朝的公主，同样都姓李，所以阿热一心想护送公主回国。遇到好心人当然是好事，但阿热在护送公主回来的路上被乌介抓住了。太和公主曾经嫁给乌介的哥哥昭礼可汗，现在乌介见到自己的嫂子要返回娘家，他当然不同意。乌介有自己的算盘，他要以太和公主为人质，要挟唐朝皇帝册封他为可汗，承认他的政治地位，并且要求唐朝“借”给他一个城市（振武城）供他居住。

针对乌介的要挟，唐武宗派王会等人以慰问的名义前往回纥谈判。会昌元年（841 年）十二月十四日，王会带着救济米二万斛，还带着皇帝赐给乌介的敕书，敕书中说：“想借一座城，这在前代还没有先例。如想迁到别的地方，并请求我大唐援助，你方必须在漠南驻军。朕同意公主入京觐见，亲自询问有关事宜。如需要援助，我们一定会尽力。”从敕书中可以看出唐武宗救太和公主的心情迫切，两万斛救助米摆在面前，也表达了援助乌介的十足诚意。乌介看到唐朝政府送来的粮食，以为唐朝政府好欺负，粮食倒是收下了，但并没有立即释放太和公主。

会昌二年（842 年），唐武宗见到乌介还没有释放太和公主，就催促道：“你们家破人亡了来投奔我们，我们待你不薄，没想到你贪得无厌，总拿婚姻关系说事。如若识趣，乌介可汗应该把儿子派到唐朝来当人质，你还要亲自进京，让太和公主入京拜见太皇太后。你们如果不听从这样的安排，可别后悔！”乌介听明白了唐武宗的愤怒，于是马上安排太和公主进京，但半路遇到了阻碍，没有到达长安。后来乌介仍旧伸手要东西，还侵犯唐朝的边境，先后攻打了大唐的领土，包括大同、马县、天德、振武等地。

唐武宗对于乌介的表现非常不满，于是派人以给太和公主送冬衣的名义写了封信：“先帝忍痛割爱把你嫁到回鹘，是为了国家安宁，现在你们回鹘却违背常理，南下骚扰我朝边境。姑姑您难道不害怕祖先的在天之灵吗？难道您不念及太皇太后的恩情吗？您是回鹘的国母，可以指挥他们。若回鹘不遵您的命令，那么我大唐就不得不和你们断绝关系了！”这话虽然是说给太和公主的，但其实更是说给乌介听的。

会昌三年（843 年）正月，回鹘进攻唐朝的领地振武城，这是乌介梦寐以求的城池。可是，这时的唐帝国稍有转机，见回鹘衰败得不成样子，再加上回鹘境内自然灾害频发，唐朝果断出兵，派刘沔、石雄等率兵痛击。石雄到了振武，登城楼瞭望回鹘人马，见数十辆毡车，随从着汉服，像是汉人。果然这就是他们苦苦寻找的太和公主。石雄派人暗中告诉太和公主："现在将要出兵讨伐乌介，请公主与侍从暗中呼应，不要轻举妄动。"在石雄解救太和公主的行动中，乌介仓皇逃走，后来为部下所杀，回鹘亡国。唐朝和回鹘 60 年来的恩怨，终于了断。唐朝也终于报了自唐肃宗以来屡受他们欺负的仇恨。

## 重上凤楼追故事

会昌三年三月的一天，离家 23 年的太和公主回到长安，唐武宗命令宰相率百官在章敬寺迎接，仪式非常隆重。左右神策军各出 200 人，太常寺派出隆重的仪仗部队，从长乐驿迎接太和公主回宫。

尽管以最隆重的仪式迎接这位公主的归来，可是，时过境迁、物是人非。太和公主先进宫拜见了太皇太后郭氏，看到郭氏的满头白发，感慨万千！接着，她又叩拜了父亲唐宪宗和哥哥唐穆宗的神位，她万万没想到，23年前出嫁，这一走，回来看到的是如此凄冷的一幕。她忍不住痛哭流涕，自责地说没有完成父皇交给的和亲使命，并且请求朝廷降罪于她。唐武宗安慰自己的姑姑道："国难当头，您已尽力，不必自责。"并且封她为定安大长公主。

那些在宫中过惯了舒心日子的公主们，并不能理解太和公主的苦，有的人甚至鄙视太和公主，认为她没有很好地完成先帝交给的任务，觉得她不配享有如此隆重的礼仪。当武宗命令诸位公主迎接太和公主时，有几位公主不以为然，比如唐宣宗的女儿阳安长公主，唐宪宗女儿宣城公主、义宁公主、真源公主等7位公主居然拒不从命，不肯出来迎接，事后也故意不按礼数看望太和公主。看到这些养尊处优的公主们公然抗旨，唐武宗大怒！唐武宗下令罚阳安长公主300匹绢、宣城等公主100匹绢，并要求史官将这些事情记载于史书，诏告后世。

太和公主回宫那天，唐武宗命令大臣们写诗纪念，这与金城公主出嫁一样，《全唐诗》中留下了多首以《太和公主还宫》为主题的诗。其中，李频所写的诗最令人感慨："天骄发使犯边尘，汉将推功遂夺亲。离乱应无初去貌，死生难有却回身。禁花半老曾攀树，宫女多非旧识人。重上凤楼追故事，几多愁思向青春。"这首诗站在太和公主的角度，诉说她先后五次出嫁并不幸沦为人质的悲苦。再次回到小时候长大的宫中，童年时期曾经攀爬过的小树已经变成了枯树，宫中熟悉的宫女也随着年龄增大被遣散，现在出入宫中的都不是旧时相识的身影。物还在，人却非，回想这一切，真是恍如隔世……

历经坎坷的太和公主终于回到了久违的故国，本来可以安心过几年平静安逸的日子，然而多年颠沛流离的生活、战乱中饱受的惊吓、做人质时遭受的委屈、回国后姐妹们的刁难，无不伤害着她伤痕累累的心。在返回长安后不久，饱经风霜的太和公主便撒手人寰，满腹的幽怨和辛酸都沉浸在历史的云烟。

太和公主是唐代中晚期的和亲公主，她为了唐朝的安宁而出嫁回鹘。她的命运像过山车一样，起起伏伏，生命凋零，归落在故乡的土地。尽管西方学术界对她的评价很高，但在普通人的心目中，她的名气却远不及嫁到吐蕃的文成公主，也不及盛唐时期的太平公主。正如诗中所说的，“重上凤楼追故事，几多愁思向青春”，其情其景完全可以想象。凤楼可以重上，可人生又如何能回到青春呢？可悲、可叹、可怜！太和公主也是唐代最后一位和亲公主。

如何评价唐朝历史上的和亲政策呢？又如何抛开歌功颂德，来评价和亲带来的是是非非呢？

唐朝与少数民族的交往较为主动而且开放。这是因为李唐王室带有鲜卑族的血统，长期居住于西北边境，“夷夏之别”的观念比较淡薄，能够以相对平等、开放的心态对待周边民族。唐代边疆民族向中央政府请婚的行为不是个案，而是这一时期的普遍现象。边疆民族出于对唐朝威望的仰慕之情，对于唐朝开明政策的向往，或者是出于利益诱惑，而纷纷借和亲之名加强与唐朝的交流。唐代和亲规模之大、持续时间之长、和亲地域之广、和亲民族之众多、和亲公主身份之多样，堪称中国古代和亲历史上的奇迹。

和亲有利于加深民族间的了解与互信，消除彼此间的隔阂与猜忌。唐太宗时期，通过和亲对吐谷浑采取扶助立国、稳定边疆的政策，对吐蕃两次和亲则创造了和亲史上的佳话；唐玄宗时期，是和亲最为频繁的时期，先后有 7 位公主出嫁和亲东北的奚和契丹，甚至发生了公主被杀的极端恶性事件，这也是民族关系全面告急的信号，可惜唐玄宗并不自知。直到唐代后半期，为了平定安史之乱的叛军，唐肃宗紧急与回纥和亲，完全是出于安抚、笼络北方民族，达到疏解边患的目的；唐代宗时期，为避免多面受敌再次联合回纥，唐德宗至穆宗时期，则是为了抵御西南的吐蕃。

和亲加强了唐与周边民族的政治联系，促进了双方的往来与边境贸易；和亲增进了唐与边疆民族的情感，双方交往频繁，政治交流、经济交流、文化交流同时推进，促进了民族融合。不过我们也承认，和亲使得和亲公主被迫离开故土，甚至成了政治婚姻中的牺牲品，除了个别公主的生活美满外，大部分和亲公主的命运凄惨不堪。和亲只是在一定程度上缓解了政权间的冲突与矛盾。随着民族间实力的此消彼长，单纯依靠和亲来维持和平关系，有时显得捉襟见肘。

唐代的和亲是在中央王朝“爱之如一、亲为一家”的大一统观念之下进行的，是双方执政者意志的执行。一部和亲史，其实是一个王朝兴衰的晴雨表。和亲的成与不成，包含了许多的不确定因素。

首先，从和亲动机上来说，任何时代的任何一方，都毫无例外地带有功利主义的色彩；其次，和亲作为一种处理民族关系的策略，最直接的牺牲者是和亲的公主或驸马；从长远来看，和亲体现了统治者在特殊时期的政治智慧，这也是汉、唐、清三大盛世时期持续推行和亲的原因。

从女性的视角看，和亲公主作为防止边疆民族大范围进攻的筹码，没有享受到皇室带来的优渥生活，不得不背负着保家卫国的命运，在丈夫死亡后，她们或许再一次成为牺牲品，或许成为权力更替的符号。这个宿命，哪怕尊贵如皇帝的亲生女儿亦不可免。

历史已经远去，和亲公主的故事在官方史书上也仅仅是简单的几笔。有的和亲公主得到了象征性的追封，有的忍辱负重、默默奉献了一生，有的年纪轻轻搭上了性命，有的连个名字都没有留下。应该肯定的是，和亲是特殊时期的政治智慧，是民族融合过程中的一抹亮色，我们应该记住那些和亲公主，她们带着大唐皇族的光芒，虽然柔弱却又留下了坚毅的背影。

# 唐代和亲简表

| | |
|---|---|
| 640 年 | 唐太宗宗室女弘化公主嫁吐谷浑诺曷钵 |
| 641 年 | 唐太宗宗室女文成公主嫁吐蕃松赞干布 |
| 710 年 | 唐中宗养女金城公主（邠王李守礼的女儿）嫁吐蕃赞普尺带珠丹 |
| 717 年 | 唐玄宗宗室女永乐公主杨氏（东平王李续外孙杨元嗣的女儿）嫁契丹首领李失活，后嫁其弟李娑固 |
| 717 年 | 唐玄宗外甥女固安公主辛氏先后嫁奚首领李大酺、李鲁苏 |
| 722 年 | 唐玄宗表妹燕郡公主慕容氏嫁契丹首领李郁于，后嫁其弟李吐于 |
| 726 年 | 唐玄宗宗室女东华公主陈氏嫁松漠郡王李邵固（契丹） |
| 726 年 | 唐玄宗宗室女东光公主韦氏（唐中宗女成安公主李季姜的女儿）嫁奚首领李鲁苏 |
| 744 年 | 唐玄宗宗室女和义公主（告城县令李参之女）嫁宁远国王阿悉烂达干 |
| 745 年 | 唐玄宗宗室女静乐公主独孤氏嫁契丹可汗李怀节 |
| 745 年 | 唐玄宗宗室女宜芳公主杨氏嫁奚首领李延宠 |
| 758 年 | 唐肃宗次女宁国公主嫁回纥英武威远可汗 |
| 758 年 | 唐肃宗侄女小宁国公主（荣王李琬之女）嫁回纥英武威远可汗，后嫁英义可汗 |

续表

| | |
|---|---|
| 769 年 | 唐代宗以崇徽公主（仆固怀恩之女）嫁回纥英义可汗 |
| 788 年 | 唐德宗第八女咸安公主嫁回纥长寿天亲可汗 |
| 821 年 | 唐穆宗之妹太和公主嫁回纥崇德可汗 |
| 833 年 | 唐懿宗以安化公主嫁南诏王隆舜（彝），未成婚 |

# 参考文献

阿布都外力·克热木:《从碑铭文学看唐代与回鹘的和谐关系》,《西北民族研究》2007年第4期。

包文胜:《薛延陀汗国若干问题探讨》,《内蒙古社会科学(汉文版)》2007年第6期。

蔡亮:《汉唐和亲诗研究》,西南大学2009年硕士学位论文。

曹国宁:《论文成公主入藏和亲的历史贡献》,《河西学院学报》2013年第3期。

陈景春:《从唐诗看和亲公主的命运及其民族关系》,《贵州大学学报》2015年第2期。

陈庆英:《关于松赞干布河源迎亲》,《中国藏学》2014年第4期。

崔明德:《金城公主与汉藏关系》,《历史教学》1980年第8期。

崔明德:《中国古代和亲史》,人民出版社,2005年。

丁柏传:《松赞干布与文成公主通婚评价新论——兼论如何认识中国古代民族关系问题》,《宁夏社会科学》1993年第4期。

范立香、张金铣:《唐与回鹘和亲原因解析》,《青海民族大学学报(社会科学版)》2014年第2期。

范立香:《唐代和亲研究》,安徽大学2015年博士学位论文。

尕藏才旦:《再论文成公主进藏对汉藏文化交流的促进及其精

神的延续》,《西藏大学学报（社会科学版）》2013 年第 4 期。

高兵:《周代婚姻制度研究》, 吉林大学 2004 年博士学位论文。

葛亮:《论汉代的民族“和亲”并非民族间的政治联姻》,《河北学刊》2003 年第 6 期。

管彦波:《中国古代和亲的类型、特点及其历史作用》,《历史教学》2015 年第 7 期。

郭卫平:《唐蕃关系中的又一盛事——浅谈金城公主入藏》,《西藏民族学院学报》1984 年第 3 期。

顾吉辰:《唐蕃聘使考》,《西藏研究》1990 年第 2 期。

靳坤:《浅析中原文化在吐蕃的传播影响——以文成公主和亲为例》,《四川民族学院学报》2015 年第 4 期。

敬东:《西汉时期三种不同性质的和亲》,《社会科学》1980 年第 2 期。

何耀华:《论金城公主入藏》,《云南社会科学》1998 年第 4 期。

黄显铭:《文成公主入藏路线初探》,《西北民族学院学报》1980 年第 1 期。

黄显铭:《文成公主入藏路线再探》,《西藏研究》1984 年第 1 期。

李小凤:《从唐诗看金城公主入蕃和亲》,《西北第二民族学院学报》2005 年第 1 期。

林继富:《多重文化碰撞下的智慧母题——文成公主传说考验难题试析》,《民族文学研究》1997 年第 4 期。

刘洁:《藏族文学对唐蕃和亲的表现初探》,《西北民族研究》2013 年第 4 期。

刘洁:《从唐诗和藏族文献歌谣看唐蕃联姻的影响及意义》,

《西北民族研究》2008 年第 1 期。

平维彬:《文成公主进藏: 谱写汉藏交往新篇章》,《中国民族报》2015 年 8 月 21 日第 5 版。

石硕:《关于金城公主入藏及出嫁对象等相关史实的考订》,《民族研究》2000 年第 4 期。

石硕:《金城公主事迹中一个疑案的研究——关于金城公主在吐蕃是否生子问题的考证》,《四川大学学报(哲学社会科学版)》2002 年第 2 期。

唐建兵:《汉唐“和亲”政策之比较——以王昭君和文成公主远嫁为端》,《河南师范大学学报(哲学社会科学版)》2013 年第 1 期。

王双怀、周佳荣:《论唐代的和亲公主》,《唐史论丛》(第 8 辑)2006 年。

吴逢箴:《金城公主对发展唐蕃关系的贡献——读汉籍吐蕃文献札记》,《西藏民族学院学报》1985 年第 3 期。

闫祖年:《评金城公主入蕃联姻之历史贡献》,《西藏民族学院学报(哲学社会科学版)》2008 年第 3 期。

杨福泉:《从姜察拉本、姜摩赤尊到金城公主——唐代汉、藏、纳三族关系的一段轶事考释》,《中南民族大学学报(人文社会科学版)》2010 年第 5 期。

杨铭:《吐蕃迎金城公主遣使考》,《西藏研究》1987 年第 4 期。

张菁:《再论汉初的“和亲”》,《南京师大学报(社会科学版)》1997 年第 4 期。

张云侠:《汉藏文化交流的使者——文成、金城公主》,《中国藏学》1988 年第 1 期。

张秀荣:《从唐与吐蕃的联姻看汉藏经济文化的交流及影响》,《黑龙江民族丛刊》2007年第5期。

张云:《唐蕃之间的书函往来、对话与沟通》,《中国藏学》2011年第S1期。

周曙光:《从王昭君和文成公主远嫁看汉唐和亲政策的变化》,《河南师范大学学报(哲学社会科学版)》2004年第1期。

周延:《西汉和亲研究》,上海师范大学2014年硕士学位论文。

# 后　记

我和中央广播电视总台《法律讲堂》栏目的结缘，始于 2013 年 8 月在四川广元召开的武则天国际学术研讨会。在会上，我有幸结识了文史版的执行主编喻佳老师和编导李让老师。2015 年 11 月 -12 月，《法律讲堂》文史版先后推出了由我主讲的系列节目《永泰公主之死》《太平公主不太平》（12 集）。2018 年，又推出 18 集系列节目《唐代和亲往事》。这些节目能顺利播出，无疑倾注了《法律讲堂》文史版全体主创人员的智慧。

尽管写出他们的名字无益于增加他们任何的光辉，但我还是决定表达感谢：中央广播电视总台社会与法频道综合部副主任权勇先生、《法律讲堂》栏目制片人苏大为先生、副制片人陈德鸿先生，他们都是近乎疯狂的“处女座”性格，为了节目的质量精益求精；为了科学严谨的电视传播付出了难以估量的心血。栏目总策划孙海石先生以历史学的学术背景解答了我的几处困惑；演播室导演高虹先生对我而言亦师亦友，总是给予无微不至的照顾。

感谢中央民族大学党委书记张京泽先生、副校长王丽萍女士、国家民委人事司副司长王红燕女士，他们总是投来赞许的目光，鼓励我积极投身于公共史学的传播；感谢中央民族大学历史文化学院苍铭教授，他不仅在十年前招我至麾下，还在我遇到困境时耳提面命般地给予鼓励；感谢一直默默支持我的彭勇教授。

感谢关注节目的观众朋友们，有的写来长信交流，有的寄来贺卡祝福，恕我不能一一回复，谢意在我心中。

特别感谢喻佳老师，她以电视人特有的思维让一个个历史故事精彩呈现；李让老师娴熟的视频制作技术、严苛的文字表述让画面增色不少；感谢闫红岩老师、许爽老师等主创人员的付出，感谢王山甲老师惟妙惟肖的精彩漫画，感谢中国民主法制出版社的董理老师，其专业与敬业令人钦佩。可以说，这部书稿亦倾注了他们思想的光芒。

在我的学术成长期，有很多这样的“贵人”，或给予我启发，或从语言细节上指出我的不足，或仅仅是一句暖心的赞赏，无不构成了我撰写此书的动力。每次在节目录制的结束时，会有这样的结尾：“感谢您收看今天的《法律讲堂》，也欢迎您关注栏目服务号，一同探讨历史、品读文化，解析法律疑点、难点。”我们对于历史问题的探讨，永无止境；对于历史人物的追索，亦是百转千回。

这部书的价值并不完全在于揭秘唐代的和亲故事，也不在于发现所谓的真相，其意义在于不同角度的书写与阐释。历史的风风雨雨，将曾经鲜活的众多面孔、故事与纠结的情感呈现，最后组成了一面面宝鉴，从中照见自我、照见人生。抚今追昔，曾经出场的人物，犹如一首首挽歌，刻印在遥远的家国记忆中。我想，这离严肃的书斋式学术研究并不遥远。

蒋爱花

2018 年 8 月 6 日初记

2019 年 4 月 13 日补记

于北京寓所西山枫林